楽しく生きよう
よく遊びよく働け

想いを形にする仕事術

三谷浩之
株式会社プラザセレクト
代表取締役

現代書林

ちょっと長い「はじめに」

社会に出た頃から、「本を書くこと」は私の夢の一つだった。
その想いがこうして形になったことはとても嬉しい。
他にもいろいろな夢があった。小さい頃に想い描いて忘れてしまっていることや、今もなんとなく想い続けていること。そして、その実現のために具体的に動き、叶えることのできた夢もある。

そうした夢の一つが「起業」だった。

私は長いサラリーマン生活を経て、2015年、35歳のときに独立して「株式会社プラザセレクト」を創業した。現在の中心となる事業は住宅不動産事業である。「戸建プラザ」という住宅不動産ショップを徳島・香川に展開し、「リーズナブルでオシャレな住宅リラクスシリーズ」と「新築・土地なし・2000万円以下ではじめられる不動産投資セレクトシリーズ」という独自のブランドを販売している。

本書の出版時には4期目に突入しているが、直前期の第3期は年商4億6000万円を達成した。ありがたいことに創業年から黒字化することができ、その後も毎年成長を遂げさせていただいている。

プラザセレクトは「今から100年続く企業」を目指している。住宅不動産事業を中心として生活に関わる主要な商品とサービスで地域を支える「生活総合支援企業」へと成長する事業構想をもっている。これもまた、私の壮大な夢の着地点の一つである。

「夢」とはいったい何だろう？　今現在の私が行きついた結論は「夢とは好奇心ではないか？」ということである。


私たちはみな幼い頃から「夢や目標を持ちなさい」と言われて育ってきた。私が社会に出て初めて就職した会社でもそう教わった。その会社はとくに夢と目標を大事にし、社員に対して強制的にでもそうすることを勧めていた。夢や目標を手帳に書き、それを目視する時間もあった。潜在意識を活用することで、人はそう動くものだという教育を受けた。

初めは宗教かと思い、会社の偉い人に向かって率直にそう言ったこともある。今考えると、若くて怖いもの知らずで、失礼な社員だった。だが、せっかく入った会社だ。素直にやってみるのもいいかと思って頑張った。

しかし実際のところ、社会に出た頃は、10年後や30年後の自分のありたい姿を想い描けと言われてもピンとこなかった。1年後のことだってよくわからない。せいぜい、お金持ちになりたいとか、高級な美味いものを食べたいとか、「あれが欲しい」という物欲、あるいは上司に怒られるのは嫌だから早く偉くなりたいといった不純な動機ばかりだった気がする。

そんな本音を隠しながら、「成果を出して出世して会社に貢献したい」「そのためにこんなスキルを身につける」「親孝行をする」「交友関係を広げる」「人として立派に成長する」といった会社で推奨されていたことをもっともらしく手帳に書き出してみたりもした。本当はそう思っていないこともあったが、「なんとなくこうなればいいな」と思っていたこともあるし、「必ずこうなりたい」と思う目標もあった。

だが面白いことに、1年後、3年後、5年後、10年後と、手帳に書いていたことが実現されていった。会社の成績や昇進、個人的な生活など多くのことを当時決めた時期までに達成していった。今振り返ると、そうした数々の「ありたい姿」を実現するために努力していたなと思う。そのときはがむしゃらだったから、努力しているという自覚はなかったが。

無理やりにでも目標を決めて、紙に書いて毎日それを見ているうちに、なんとなくその気になってきて、行動が変わっていったような気がする。そして、正しい方向に向かって努力し、積み上げてきたものが今の自分の状態をつくり出しているのだろう。

小さい頃に自分の夢や目標を見つけ、出会い、それを育める人は幸せだと思う。それがある種の天性の才能なのかもしれない。だが、大抵の人は無理だ。学校で夢を持ちなさいと教えられても、そう簡単なことではない。そもそも、そう言っている親や教師でも具体的な夢や目標を描いていた人は少ないはずだ。大人が自分の人生で示すことができないのに、そういう人を見て育つ子どもにそれができるわけがない。

大人は子どもの未来の姿、先輩は自分の将来の姿だ。その人が背中を丸め、つらそうにしていたら、どうせ頑張っても自分もそんな人生しか歩めないのかと思ってしまう。やる気はなくなるし、頑張ることに意味を見いだせなくなるだろう。

だが、いいことも悪いこともひっくるめて、泣いたり笑ったり、こけたり走ったりして必死で生きている人のそばにいれば自分もそうなる。きっと人生は楽しくなる。「いろいろあるけど、頑張っていこうよ」と声をかけてくれる人がいれば頑張れるはず。私はそういう人生を歩みたい。

そして自分の人生を輝かせ、その姿を通して人生の意味を次の世代にも伝えていきたい。1秒でも先に生まれた人は、後進にそのことを伝えていく責任があると思う。それは「生きることは楽しいよ」「夢を持って進めば人生は充実するんだよ」ということを自分の背中で示す責任だ。それは、親とか役職といった立場には関係なく、1秒でも長くこの地球で空気を吸わせてもらっていることの責任だと思う。

だから私は起業した。会社を通じて、社員をはじめとするステークホルダーへの責任を果たし、次の世代につながる事業を立ち上げ、今から100年続く企業の礎を創っていく。

後進に言いたいことがある。社会に出た頃の私のように、動機は不純でもいいから、行動に移したほうがよい。自分の欲を満たしたい。おおいに結構だ。まずは走り出すことが大事だと思う。そして、走りながら考える。立派な理念や思想は後からついてくる。

もし、自分で夢や目標を見つけることができなければ、誰かが追いかけている夢や目標に乗っかって、それを一緒に実現することを自分の夢に置き換えてもいい。そう思えるのは、その人が好きだからだろう。そういう人に出会い、一緒に目標に向かっていけるのは素敵なことだ。

どちらにしても、まず大事なのは自分の生き方の軸を決めることである。そして、自分が物心ともに満たされてくれれば、周りの人にもそれを届けたいと思うようになる。それが人間という生き物だ。あるとき、ふと気づく。今の自分がいるのは誰かのおかげだったということに。

社会で生きているのだから、人に迷惑をかけない、自分のことは自分で始末をつける、人としての本筋から外れないといったことは当然のことだ。大人としてそれを守るという条件つきで、自分を輝かせるために、ある時期が来るまでは生意気にわがままに生きていってもいいと思う。

ただし、ふと気づいたときに自分の人生を誇れるように、しっかりと生きていかなければならない。日々誇りを持ち、胸を張って、「あなたに出会えて良かった」と思ってもらえるように生きる。それが私の生きていく上での信条だ。プラザセレクトは、そうした私の信条をもとに理念ができあがり、それに共感してくれた仲間が集っている会社である。

冒頭からいろいろなことを書いてきた。

本書では、仕事という軸に沿いながら私の想いを伝えたいと思う。この本を通して、これから社会に出る学生や就職活動中の方、今どこかの会社で頑張っている人や私と同じ経営者、立場を問わず誰かに何かのきっかけを届けることができたらという想いがある。本書の中で詳しく紹介しているが、私が「ある一言」で起業について深く考え始めたように、人には何気ないきっかけでものの見方や考え方が変わり、何かに向かって行動を起こし始めることがあると思う。

本書の1行、いやワンワードでもいい。誰かの琴線に触れればとても嬉しい。

本書には、私が現在に至るまでの経験でいいと思ったことを紹介している。

この本と出会ったことで「にこっ」とした笑顔が一つ生まれ、「この本と出会って良かった」と思ってくれる人が一人でも多く生まれたら、「本を書くこと」が夢だった私の初出版に「社会的意義」があったことになる。

そして、この本がみなさんにとって何かのきっかけになればとても喜ばしいことである。

2018年3月

三谷　浩之

目次

第3章 「今から100年続く企業」を創るために

第4章

信念を持った社員教育は個人の人生を輝かせる

第5章

目指せ！「生活総合支援企業」

第1章

サラリーマンから12年目で起業家に！

サラリーマンになるのは嫌だった

私がなぜ起業を思い立ち、次世代につながる「100年続く企業を創る」という夢を抱くようになったのか。そして、仕事を通して自分の人生を輝かせるという目標にたどり着いたのか。そのことを知ってもらうために、まずは会社員として社会に出た駆け出しの頃の話から始めたい。

私にとって、サラリーマン時代は起業へと至る長い準備期間だったと今にして思う。

私は学生時代からずっと、サラリーマンになんかなりたくないと思っていた。人に使われるのが嫌だった。すぐにでも一国一城の主になれないかと夢想していた。

そんなとき、最初に勤めた会社と出会った。

そこは建築関係の会社だった。ホームページを見てすごい会社だと思い、惚れ込んだ。小さな規模からスタートして急成長をとげている只中にあった。

もともと理系だったこともあり、最初は技術者になりたいと考えてその会社を受けたのだが、なぜか営業職として採用された。そこでまた「嫌だな」とふてくされた。だが、そこで逃げるのも悔しい。「よし、やってやる！」と腹をくくった。

最初に配属されたのは香川県の丸亀支店だった。そこは支店を開業して3年目で、十数人ほどいたスタッフは全員が若く、支店長もまだ29歳か30歳だった。入社後に先輩から聞いた話だから私もその真偽はわからないが、その支店長にはすごい逸話があった。社長に300万円か400万円渡されて、「香川県で支店を立ち上げてこい」と言われ、本社から単身県外に進出して支店を立ち上げ成功させたのだという。まさしく特攻隊長である。

私は、「俺もああいう人になりたい」とその支店長に憧れた。その人が乗っていた車はスカイラインだった。22歳の私は「俺もこの人のような人間に成長したら、同じスカイラインに乗ろう」と決めた。

30歳を過ぎた頃、とうとう同じ型のスカイラインを中古で探して買った。その車にはつい最近まで乗っていた。私が乗り始めた頃には旧式の古い車となっていたが、私はこのスカイラインに乗れるようになったことが誇らしかった。

その頃は取り憑かれたように仕事ばかりしていた。仕事が楽しかったし、誰にも負けたくなかったからだ。初めはなかなか成果が出なかったが、がむしゃらに頑張ったので、徐々に成績もついてくるようになった。

月給は年功序列だったが、成果主義で「いい成績を上げればボーナスと昇格」という形で返ってくる評価制度を取り入れた会社だった。最初はボーナス100万円を目標にしていたが、3年目の夏には1回のボーナスで200万円を超える金額を手にしていた。周囲からは「三谷はすごい」とほめてもらった。他の支店のテコ入れで何度か転勤し、そのたびに支店の業績に大きく貢献した。俺もみんなと一緒にこの会社を成長させているという実感があった。

27歳のとき、当時社内では最年少の管理職になった。部下も増えた。それでまた「すごいね」と言われる。鼻高々だった。まだ若く、浮かれていた。

社会的意義のある仕事をする

疑問を感じ始めたのは入社4~5年目の頃からだった。

その会社はもともとお客様満足度を高めることを大事にしていた。だが、会社が成長するにつれて売上至上主義になっていく。売上目標は毎年増えていった。ノルマがあるわけではないが、「これが永遠に続くのか」とプレッシャーになった。そして、「これは何かが違う……」という想いが徐々に募っていった。しかし、そんな疑問を感じながらも、性格が攻撃的で負けん気の強いところがあり、他の支店の奴に負けるわけにはいかないと、オーバーヒート寸前のエンジンをふかし続けていた。

そんなある日、本社の役員との酒席に招かれた。飲みながら、その人が何気なくこう言った。

「社会的意義のある仕事をしなければいけない」

その言葉がなぜかとても気になった。何かが私の琴線に触れたのだ。もちろん当時27歳の私には社会的意義のある仕事がどういうものなのかはよくわかっていなかった。

だが、それ以来、こう思うようになった。誰かが喜ぶ、誰かに何かを伝える、社会に何かを残す、そんな仕事をしなければいけないと。

いずれにしても、いつかは会社を興したいと考えていた。サラリーマン生活は長くても40歳までにしようと、社会に出たときから決めていた。

自分の創る会社は住宅不動産にこだわるつもりはなかったが、それに関連するところで社会的意義のある事業をイメージしていた。そのときに思い出したのが、学生時代にどこかの企業がうたっていた「生活総合支援企業」というワードだった。生活に関わることを支援する事業をやればみんなが喜ぶだろう。漠然とそう思った。

その当時、社会問題になりつつあったのが、現役世代ではうつ病の増加、高齢者は独居老人が増えているということだった。成果主義が主流となった結果、「勝ち組」「負け組」という言葉も飛び交っていた。

実際、私が勤めていた会社にもうつ病になった社員がいた。会社が急成長していく過程で何かの無理がかかると、そういう負の部分も必ず出てくるものだ。

一方で、当時は高齢化社会が急速に進んできていた。老人ホームや老人保健施設、高齢者用賃貸マンションなどがトレンドになっていた。自分の親を見てもだんだん年をとってくるし、自分もいずれ年をとる。そういう先行きに不安を覚えた。

私自身が競争の激しい勝ち負けを繰り返す世界でがむしゃらに戦っていたものの、私はその頃、そういった勝ち負けが明確に見えて弱い立場になってしまっている人がいる社会状況にもアンテナが向かうようになっていた。

社会にうまく順応して、成果を出してうまくいっている人だけでなく、それぞれの長所にスポットライトが当たり、関わる人が「にこっ」と笑ってくれるような仕事がしたいと思うようになった。そして、「あなたに出会って良かった」と思ってもらえるような生き方をしようと決めたのだ。

こうして将来への目標は定まったものの、起業への道のりはまだまだ遠かった──。

「出会って良かった」と思ってもらえるように生きる

社会的意義のある仕事を──これは多くの経営者の方がよく口にすることだ。私が入社4～5年目にそういうことを考え始めたのは、前述した本社の役員のサジェスチョンがあったからだ。

だが、若くして業績を上げ、多くのことを経験させてもらったことも無関係ではないと思う。おそらく私は、他の人よりも短い時間でいろいろなことを経験したと思っている。そのかわり、多くのものを捨ててきた。当時は仕事ばかりやっていた。仕事漬けの毎日が楽しかったからだ。

しんどいと思うことももちろんあったが、振り返ればそれもいい経験になった。そうした修行の時代があったから、知識やスキル、忍耐力などが身についたし、自分に自信が持てるようにもなった。そんなふうに集中して何かをやる時期は、若い頃には必要だと思う。質のいい仕事をできるようになるには、まず量をこなさなければならない。意味もわからないながら多くの仕事に取り組むなかで、「これは無駄だ」「こうすれば効率的だ」ということがわかってくる。

これは他人に言われてもわからない。自分が経験して学んでいくしかない。子どもは親に「これは熱いから触ってはダメ」と言われても触る。触って初めて熱いことがわかるのだ。それと同じだと思う。

一方で、やはり人との出会いは大切だ。尊敬できる上司や仲間に出会い、学んだことは必ず自分の血肉になる。

私の場合、前述した支店長もそうだったが、直属の営業課長もまた尊敬に値する人物だった。当時、50代だったが、やんちゃで、昭和のバブリーなおじさんだった。豪快な人で、仕事も遊びもとにかく凄い。会社の言うことは聞かないけれど、お客様や部下からの信頼は厚かった。仕事に筋を通し、若い支店長を陰で支えていた。

その人に仕事をいろいろ教えてもらった。朝、出社して少しのんびりしていると、「営業のくせにいつまで座ってんや」と尻を叩かれた。だが、一緒に車で営業に回っていると、よく面白い話をしてくれた。たまに休みの日に電話が来て、「昨日は運転してもらって悪かった。暇だったらメシ食いに行こう」と誘ってくれて、高級な食事をご馳走してくれた。そんな、ちょっと怖いけれど、人間味あふれる人だった。

そういう人たちに囲まれて毎日楽しく仕事をしていた。歳の近い先輩にも素敵な人がいた。当時、飛び込み営業がメインの仕事で、何軒飛び込んでも「帰れ」「また来たんか」と言われる。そのたびに心が折れてしまう。塩を投げられたり、犬に追いかけられたりすることもあった。そんなとき、先輩が「一緒に頑張ろうぜ」と声をかけてくれた。

飛び込み営業が嫌になって、「飛び込みして本当に受注できるんですか？」とその先輩に愚痴をこぼしたことも一度や二度ではない。すると「俺はこう思うんだ」と、どんなときも熱い想いを語り、丁寧に話してくれて「だから頑張ろう」と勇気づけてくれた。それを聞いて、人に勇気を与えられることは凄いと思った。

そんなふうに人にはとても恵まれた。そういう出会いがあったから、サラリーマンを続けられたのだと思う。

もともと技術職を希望していた私が営業に配属され、成果を上げることができたのも、多くの人たちに導かれてのことだった。営業に配属されたのも、当時面接をしてくれた人や役員の方などが、私の向き不向きを見抜いてくれたのかもしれない。大人たちがうまく私の道を開いてくれて、偶然自分もそれにはまって、成長することができた。ラッキーだったと思う。

その会社で私が成果を上げることができたのは周りの人たちのおかげだと思っている。しかし、逆に失敗したとしてもそれは自己責任だ。成功は周囲の人たちがもたらしてくれる。だが、失敗を他人のせいにしてはいけない。

私たちは仕事を通してどこへ向かっているのだろう?

誰でも潜在的に思っていることはいろいろあると思う。「あの車が欲しい」「女の子にもてたい」「美味いものが食べたい」といった動機もあれば、「この人が好きで、その人が喜んでくれたら嬉しい」という目的もあるだろう。みな、なんとなく感じていることがあるはずだ。そこに向かって進んでいけばいいと思う。

私がたどり着いた仕事の目的や信条は、前述したように「出会って良かったと思ってもらえるように生きる」ということである。

そう思うようになったのは、多くの人との出会いに恵まれてここまで来られたことが無関係ではないと思う。

今、仕事をしている中でも、たとえばお客様に「良かった」と言ってもらえることが幸せだ。社員に対しても同じだ。「プラザセレクトに入社して良かった」と言ってもらえたら、これほど嬉しいことはない。

ただ、これも正直に言うと、その裏に「ええかっこしい」の自分がいるのだと思う。「すごい」と思われたいという気持ちもあるだろう。これも自分の欲求に忠実なだけだ。だが、誰だって、「あいつに会って嫌だった」と言われるより、「出会って良かった」と思ってもらいたいのではないだろうか。

大好きだった会社が倒産の憂き目に

私は社会に出て初めて入った会社が大好きだった。その会社に夢をかけていた。だが、一時は飛ぶ鳥も落とす勢いだったその会社の業績は、リーマンショックを境に、徐々にあやしくなっていった。そして、会社は民事再生の手続きに入り、あっけなく倒産した。

急成長を遂げて西日本を席巻し、関東にまで進出した会社は儚くも法的に倒産してしまったのだ。新入社員時代から必死に駆け抜けてきた毎日が一瞬で崩れ去った。私は29歳だった。

自分の部署は黒字を続けていたが、会社全体の流れには抗えなかった。

だが、不思議な話だが、当時社内には危機感はなかった。なんとなく会社は毎日続いていた。噂はいろいろ聞こえてきたが、自分の勤めている会社が倒産するなんて考えてもいない。人間は自分に対してプラスに物事を見る傾向がある。自分が交通事故に遭うと思っている人はいない。自分にだけは不幸はやって来ないとどこかで楽観している。だが、もちろんそれは幻想でしかない。

倒産は唐突にやってきた。ある日突然、民事再生法を提出することになった。その前夜、支店には十数人の社員が残っていた。私は当時、香川支店の営業課長だった。支店長が私と工務課長を呼び、「今、本社から連絡があって、明日、民事再生を出すことになったらしい」と伝えてきた。支店長も、そのときが初耳だったと言っていた。

だが、そのときでもまだ私たちに実感はない。日常は普通に動いているからだ。

翌朝、全員が出社し、全社朝礼が開かれた。テレビ会議システムに、学生の頃から尊敬し憧れた社長の姿が映っていた。

「本日、民事再生を提出することになりました。みなさん、申し訳ありません」

みな、シーンとしていた。だが、若い社員も多く、「どういうこと?」とピンと来ていない人も多かった。

やがて、社内の電話が一斉に鳴り始めた。お客様や業者さんからの苦情や問い合わせだった。

そのとき初めて知ったのは、「民事再生法で倒産しても、社員の給料は法的に守られる」ということだった。法律的に、他のお金は弁護士を通さないと一切動かせない。外部には迷惑をかけるが、自分たちの目先の生活は守られるという、おかしな状態だ。お客様には謝罪し「お金は返せないが工事はできます」と伝えるだけしかできない。それで工事を続ける人もいれば、お金を捨てて中止する人もいた。ただただ申し訳ないという気持ちでいっぱいだった。だが一方で、多くの人から「君たちに責任はないよ。会社の問題だから」と言われ、心が少し楽になったことを覚えている。

そして次は、社内リストラが始まる。こういう場合にまずリストラの対象になるのが設計部門だった。今後の対応が必要なため、管理部門はある程度残される。また、先にリストラ候補となるのは「資格を持っていない」人である。徐々に対象者が増えていった。50歳以上のベテランの方は、自分から身を引く人と会社にしがみつく人に分かれた。仕事のできる人ほど、部下を切ってまで自分は残れないと、かっこよく筋を通して身を引いていく。次の当てがあるからかもしれない。こうして、優秀な人から会社を去っていく。

そういったぎりぎりの修羅場に直面すると、企業の儚さや人の本性というものが見えてくる。小さい会社が夢を持って、みんなで会社を大きくしようと急成長していく。しかしやがて景気が冷え込み、世の中の経済が回らなくなってくる。同業もバタバタと倒れていく中で、自分たちの会社も消えてしまう。その後、一緒に仕事をしていた仲間は散り散りになる。いろいろな想いを抱えて信念を持って残る人もいれば、ひたすらしがみつく人もいる。次のステージに進む人もいれば、逃げられずそこで最後まで舵を取り続ける人もいる。

倒産は不幸だったが、それによっていろいろなことを知ることができた。そうした経験をして、私は強くこう思うようになった。

「何があっても、会社をつぶしては駄目だ！」

自分が起業した会社は、絶対に倒産はさせない、と。

尊敬する上司の一言で転職を決意

こうして会社は倒産したが、大好きな会社だったし、船が沈んだからといってさっさと逃げるのは嫌だった。だから、行くところまで行ってやれと思っていた。

そんなとき、新入社員のときに営業を教えてくれた外部のコンサルタントの先生から連絡がきた。これは偶然が大きく作用していた。

しばらく連絡を取っていなかったのだが、この倒産劇の1、2年前に、たまたま入った高松のうどん屋でばったり再会し、名刺交換をした。そして、会社の倒産を知って連絡をくれたのだった。

社員の整理も落ち着き、ようやく自分のことを考えようという矢先に、その人から「メシでも食おう」と連絡が来た。そして、「これからどうするのか。私の知っている徳島の住宅会社がいい人材を探しているから、そこの社長と会わないか」と。

私は即座にその申し出を断った。そして、「先生とだけなら会います」と返事して食事に出向いた。だが、しっかりはめられたようで、その社長が偶然を装って同席することになってしまったのだ。

ところが、その社長とはとても話が合い、初対面にもかかわらず意気投合し、食事中の会話はかなり盛り上がった。しかし、そのときも転職話はあくまでも固辞するつもりだった。

すると後日、紹介してくれた先生から「香川県に支店を立ち上げるから、そこで立ち上げの責任者をしないか。三谷くんの部下たちも一緒に来ていい」という話をいただいたのだ。

「自分だけではなく、部下も信用してくれるほどに自分を望んでくれている」

そこまで言ってくれるのかと思った。

幸い、会社のお客様も整理が一段落し、自分の責任範囲で残っていたのは私と「私についていて一緒に残る」と言ってくれた部下だけだった。先般のオファーについては部下も連れていけるなら、それも選択肢の一つかと思ったが、それでもまだ迷いはあった。

迷った気持ちを持ったまま、私は入社当時に私が憧れていた尊敬する支店長に電話をした。その方は他の支店に支店長として在籍をしていたのだが、その電話ですぐに察してくれたようだった。

「おまえ、次のことを考えているんだろう？　もう、俺たちのことは気にしなくていいから」と言ってくれたのだ。

その言葉で気が楽になり、ようやく転職を決意した。

辞める際、学生時代に衝撃を受け、憧れていた社長に退職の挨拶に伺った。社長室に通されて、緊張しながら社長の前に立った。

社長は「おお、三谷くんか。入社して何年になる？」と言葉をかけてくれた。そして「この度はいろいろご迷惑をかけて申し訳ございませんでした」と深々と頭を下げられたのだ。とても驚いた。そして、すごい人だと思った。人間の「格」が違うと即座に感じた。たかだか20代の若造に対し、普通の社長はそこまではしない。ましてや自社の社員には、である。

「この人のような器の大きい人間にならなければ」と強く思った。

私は、こうして社長やかつての上司から大人としての在り方を学んだのだ。自分がどんな苦境に立たされていても、人前では歯を食いしばり、平然とした顔で相手を気遣っている。「やせ我慢できる大人はかっこいい」と思った。

同時に、どんなときでも素直さと謙虚さを持ち、仕事と会社に対する誇りを持たなければと改めて感じた。そして、次の会社へ行っても、これから将来ずっと、「あの会社にいた社員はすごい」と思われるようにすることが「最大の恩返し」だと心に誓った。

転職先で会社経営の基礎を学ぶ

こうして私は次の会社へ移った。だが、いずれは起業すると決めていた。だから、「いずれ辞めて独立する」という約束で入社した。それを許してくれたその会社の社長の度量の広さには頭が下がる。

私と部下を拾ってくれた転職先の社長には恩を感じていたので、「社長のために一日でも早く成果を出して頼られる部下になろう」と決意し、日々仕事をしていた。

入社して最初の3か月で1年分くらいの営業成績を残した。それで周囲の人が認めてくれた。その後、香川支店の立ち上げを任される。香川支店は開設2年半で、累計受注は100棟を達成した。

その後、私は社長を補佐する「会社のナンバー2」の立場となった。

社長と二人三脚で会社のルールやオペレーションなどを一からつくっていった。営業だけでなく、設計、施工、会社の運営などにも関わり、人事や給与体系、社員教育のシステムなどをつくる経験もできた。こうして経営者の横で経営を学べたのは後の起業にも大いに役立った。当時、私は経営幹部として資金繰り以外ほぼすべての裁量権を持たせてもらっていた。

私が任されていた事業が軌道に乗り、会社の屋台骨を支える規模になった時点で私は事業のマニュアルやビジネスモデルをまとめ、それらを社長に渡した後、「ナンバー2」の立場から退いた。

その後私は本体を離れ、子会社の社長に就任した。サラリーマン社長だったが、事業責任者から経営者となったのだ。

子会社では本体と完全に別組織として動き、ゼロから新しくビジネスを立ち上げて自由にやらせてもらった。短い期間だったが、社長業を実地で勉強できたのは貴重な経験だった。その間、社長は表には出ないようにして、あれこれと私の創業へと進む道をバックアップしてくれたのだった。

結局、その会社では社員として5年、子会社の社長を2年務めた後、卒業させてもらった。7年間、本当に自由にやらせてもらえたという実感がある。本当に感謝の7年間だった。

そして35歳、この日のために12年間少しずつ貯めていたお金を資本金とし、満を持して「プラザセレクト」を創業した。

振り返れば、会社員として新人、若手管理職、ナンバー2、サラリーマン社長を体験してオーナー社長となったわけだ。おかげで、下積みからトップマネージメントまでの気持ちがよくわかるようになった。私には起業に向けてのこの12年の準備期間が必要だったのだ。

社長は最初の約束どおり、競合他社ができるにもかかわらず、快く送り出してくれた。しかも、当時の部下の何人かを自分の会社へ連れていくことも認めてくれた。

こうした経験を通して私は今、思う。お金はないけれどこんなことをしたいという野心を持った本気の若い人がいたら積極的にバックアップしてあげたい、と。将来、プラザセレクトがさらに成長し、余裕ができてきたら、やる気のある人を資金面も含めてどんどん応援したいと考えている。

第2章

報酬のための「仕事」、楽しむための「仕事」

仕事は人生の一つのパーツにすぎない

あなたの人生の中で、「仕事」はどのくらいのウエイトを占めているだろうか？

あくまでも個人的な見解だが、今の社会には、いつも仕事に追われ、まるで仕事の中に人生があるような生き方をしている人が多いのではないかと思う（図1）。人生が仕事のプレッシャーに支配されている状態。これでは、やらされているという感覚が強くなって疲れてしまう。

仕事に追い込まれて精神的にまいったり、最も選択してはいけない選択をしてしまったりする人はそういう考え方に支配されているような気がする。仕事が自らの意思ではなく外圧により最優先になるから、心身ともに追い込まれていってしまう。仕事が嫌で楽しくないと言っている人も同じだろう。仕事に押しつぶされて、自分でコントロールできる人生のスペースが小さくなってしまっているのである。

意図せず、外圧により仕事がまるで人生のすべてのようになってしまうと、最初は楽しかったはずの仕事も苦痛になってくる。もしそんな状態におかれたらなんとか逃れなくてはいけない。解決策の一つとして提案できることは自分の考え方を変えることだ。

私は「人生」と「仕事」についてこう考えている。

本来、仕事は人生の中の一つのパーツにすぎない。会社員時代、仕事をつらいものと思い込んでいる若手社員や、何か諦めてしまって他責にしてしまう、仕事に身の入らない先輩などを見て、そういう考え方ができればいいのにと何度となく思ったものだ。

誤解しないでほしいのだが、仕事はほどほどでいいと言っているわけではない。よく言われる話だが、人生の時間の中で仕事の占める時間は多い。だから、そこを楽しくすれば人生は楽しくなるというのは理論的に正しい。

しかし、そのように生きるには、その思考に至る考え方として必要なものの見方がある。それが、人生の一部に仕事というカテゴリーがあるという見方だ。家族や友だちとの時間も趣味も仕事も同列のカテゴリーだということ。

多くの人が、仕事とプライベートを大きく2つに分けて考えがちだ。そうではなく、仕事自体もプライベート（人生）の一つのカテゴリーにすぎない。

そういう考え方ができれば、「仕事が忙しいから自分の時間がない」という理屈はなくなる。仕事自体も自分の時間だからだ。自分の人生のうちの大切な時間なのだから、「前向きに素直に仕事に取り組む」というのは大前提だ。そのためには、まず正しく現状を把握できる「正しいものの見方」が必要である。

図１

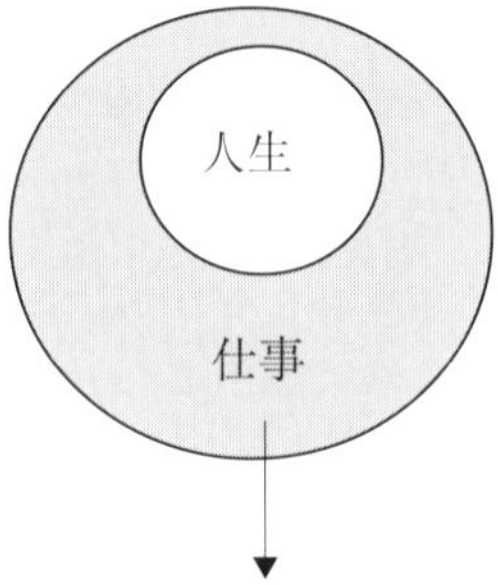

・仕事に追われて仕事の中に人生があるみたいな生き方になっている。
・やらされ感が出てくるし疲れる。
・心身ともに追い込まれる人に多い傾向がある。

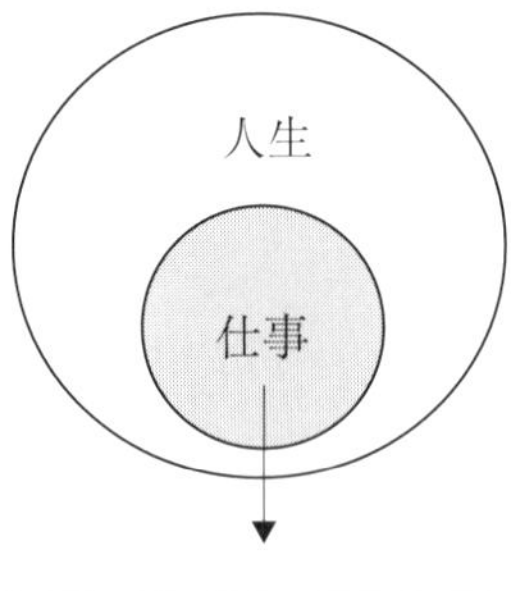

・人生の一部に仕事というカテゴリがある（家族も友達も趣味も仕事も同列のカテゴリ）。
・プライベートと仕事で大きく2つに分けないので「仕事が忙しくても自分の時間がない」感覚にはならない。
・「会社を自分の人生を充実させるためのステージ」として使えばよい（会社には個人では用意できない場所、お金、人脈がある）。

会社に所属している人は、会社を自分の人生を輝かせるためのステージとして使えばいい。会社には個人では用意できない場所やお金、人脈がある。それを自分のために使ってほしい。いい意味で、会社を「自分の人生を輝かせるための自己実現の場」としてうまく活用するのだ。起業するとき、私はそういう会社を創りたいと考えていた。

仕事で得られる報酬は2つある

私たちが仕事をする目的は何だろうか。報酬を得るため？　そのとおりだ。ただし、仕事で得られる報酬には2種類ある。「目に見えるもの」と「目に見えないもの」だ。目に見えるものというのは当然ながらお金。これは絶対に必要だ。しかし、本当に大切なのは目に見えない報酬である。目に見えない報酬というのはたとえば次のようなものだ（図2）。

・**学びや出会いがある**——仕事でしか得られない学びや人との出会いというものがある。それによって自分を高めることができる。

・仲間との貴重な関係ができる――友人、家族、恋人より長い時間を過ごす可能性がある仲間との関係はかけがえのないものだ。仕事を通して良き友、良き師、良き別世代とのつながりができる。同じ会社の社員同士でなくても、関わるビジネスパートナーでも同様だ。仕事をしていないと、自分と違う世界の人や自分とは異なる価値観をもった人との出会いはほぼない。仕事を通して、違う価値観、年代、職業の人と出会うことで、新しい世界を知ることができる。

・お客様に喜んでもらえる――お客様や仕事に関わる人たちに喜んでもらえることで自己肯定感を高めることができる。そこに学びがあり、成長促進の種がある。思いやり、やさしさ、気遣いなどを学び実行できるようになるのだ。

・職業人としてのスキルが身につく――仕事を通して自分の中に蓄えられる経験とスキルは誰にも奪うことのできない自分だけのものだ。たとえば、仕事で英語が話せるようになったとする。そのスキルは会社を辞めても自分の財産として残る。退職するときに「英語のスキルを置いていけ」というわけにはいかない。そうした仕事で得たスキルによって人生は豊かになり、自分を助けてくれるだろう。経験とスキルは自分の誇りとなって、自分を認めることのできる根幹になる。

・作品として自分の仕事が世の中に残る――自分がした仕事は何らかの形で世の中に残る。

図2　見えない報酬とは

・学びや出会いがある
・仲間との貴重な関係ができる
・お客様に喜んでもらえる
・職業人としてのスキルが身につく
・作品として自分の仕事が世の中に残る

職人や技術者だけでなく、営業や事務でも何かのプロジェクトに関われば、その仕事は自分が携わった作品となる。それは、自分がこの世に生きたという証しとなり、ずっと誇りとするべきだ。世の中に何かを残しているということは素晴らしいことである。

こういった目に見えない報酬は仕事を通してでなければ得ることはできない。これらの目に見えない報酬を手に入れることがキャリアアップにつながり、人生が豊かで楽しくなる重要な要素となる。

そして、仕事の正しいやり方や正しいものの見方を身につければ、これらの報酬の濃度はさらに増す。たとえば、仕事で「初動を早くすること」を学び身につければ、それは日常生活でも生かされる。たとえば「いいことは早く相手に伝えてあげれば喜んでもらえる」といった思考や行動になり、誰かの「にこっ」が増え、人間関係がよくなる。仕事を通して習得したものの見方や考え方、スキルは人生の充実度を上げてくれるのだ。

多くの会社員がとかく給料などへの不満を口にする。それは、目に見えない報酬をもらっていることに気づいていないからだ。こういうことは誰かがしっかりと教えてあげる必要があると思う。

夢を持つには努力が必要だ

冒頭にも書いたが、私たちは子どもの頃から大人たちに「夢や目標を持て」と言われて育ってきた。だが実際には、これほど難しいことはない。

子供の頃は、「プロサッカー選手になる」とか「ケーキ屋さんになりたい」とか、最近なら「ユーチューバーになりたい」など、漠然とした憧れは抱く。だが、その夢を持続し、そこへ向かって進んでいくのは至難の業だ。

大人になって社会を知っていくにつれて、夢や目標を見失ってしまう人がほとんどだ。

「あなたの夢は何ですか？」と問われて明確に答えられる大人がはたしてどれだけいるだろう。

前述したように、私はたしかに「起業」という夢の一つを叶えたかもしれない。だけど、それは胸を張って誇れるような「夢」ではなかった。むしろ、「偉そうにこき使われるのは嫌だから」などの後ろ向きの理由からだった。夢に向かって一直線に進んできたわけではなく、実際は消去法の果てにたどり着いた「起業」だったかもしれない。

実際、夢なんかなくても生きていける。それが現実だ。戦後の貧しかった時代は、「もっと豊かになりたい」と本能的に夢を持ちやすかっただろうと思う。だが、今のようにこれだけ経済が発展すれば、ほとんどの人が毎日ご飯を食べられるし、雨風もしのげる。

私たちは夢を持つことを強要されてきた。「夢や目標を持つのが正しい」「夢に向かって一生懸命やらない奴はダメだ」と。そんなふうに強要されるとつらくなるだけだ。

だから、夢や目標を持つことにしばられる必要なんかない。楽に生きていっても全然かまわないと思う。

しかし、あえて言いたい。矛盾しているように聞こえるかもしれないが、夢や目標があったほうが人生はもっと楽しくなるのも確かなのだ。

それは漠然とした見果てぬ夢だけではなく（当然見果てぬ夢を追うことも大賛成である）、

もっと実現可能性の高い「現実的な目標」とでも言おうか。ただし、そうした夢や目標を抱き、持続させるには努力が必要だ。出会いも大事だろう。

そこへ向かう過程では、いろいろなことを乗り越えなければならない。世の中は自分中心に回っているわけではない。理不尽なことに落ち込んだり、つらくて涙を流したりすることもあるかもしれない。だが、夢や目標があれば日々のつらさや悩みなどは瑣末なことに思える。夢や目標が生きる力となり、自分を強くしてくれる。それは誰かのためになることだってある。

夢や目標を追求し、実現することは素晴らしい。だが、もしかしたら一生かかってもそこへはたどり着けないかもしれない。それでもいい。大事なのはそこへ向かうプロセスなのだ。目指すものが明確にあれば、その到達点と現在の自分との違いを知ることができる。その違いの中にこそ、自己成長につながる何かがあり、人間力を高めるために必要な経験が隠されている。

「自分の目指す場所」へ向かっているという実感は、きっとあなたの人生を輝かせるに違いない。

「決めること」と「狙うこと」

では、夢を叶え、目標を達成するためには何が必要なのだろうか？

キーワードは「決める」と「狙う」である。

これは自分の取り組む仕事を成功させるためにも必要なことだと思う。

まず、「決める」というのは、文字どおり目標を設定することだ。


「俺は必ずトップセールスマンになる！」

「私は家庭と仕事を両立させる！」

「どこに行っても通用する技術者になる！」


など、目標あるいは願望を自分の中に落とし込む。

ここでは、できるかできないかの議論は一切無用だ。無理やりにでもこの発想に持っていく。そうしなければ一歩目を踏み出せない。

こうすることで、脳内で潜在意識がそちらの方向へ引っ張られる。すると、人間は実際にそのような行動をしたり、そうなるための情報に目が向いたりするものだ。それが成果につながるきっかけになる。

かの有名なイチロー選手は、小学校のときの作文に「一流のプロ野球選手になる」と書いている。こうなると「決めた」のだ。まずは決めなければ絶対にそうはならない。

私がよく言う例だが、朝起きたら知らない間に富士山の頂上にいたとか、ディズニーランドに到着していたとか、そんなことは絶対にありえない。富士山の頂上に行くと決めたから、ディズニーランドに行こうと決めたから、そこに行けるのだ。

目的地が決まったからこそ、そこに行くために行く方法を検討し行動し始める。目的地までは新幹線か飛行機か、どこに泊まるのか、所要時間はどれくらいか、調べてチケットを買いに動き出すだろう。人生や仕事の結果も同じである。

そして決めた後に大事なのが、「狙う」という行動である。

これを多くの人は軽く見ている。というか、ほとんど意識していない。

「狙う」というのは、今やっていることはこういうことにつながり、こんな結果になるという具体的なイメージを持つことだ。

イチロー選手の場合、一流のプロ野球選手になると決め、「そうなるために、中学、高校と全国大会に出て活躍しなければならない」と作文に書いている。まさしく、これが狙うということだ。

よくメディアでは、イチロー選手の作文の「一流のプロ野球選手になる」という決意を引き合いに出して、夢を持つことの重要性を説いたりする。だが、むしろ私が凄いと思ったのはこの「狙う」という部分だ。

イチロー選手の作文はさらにこう続く。

「小学3年生のときから今までは、1年365日中360日は激しい練習をしています。だから、1週間で友だちと遊べる時間は5、6時間です。そんなに練習をやっているのだから必ずプロ野球選手になれると思います」と。

これが小学生のときに書いた作文の文面かと思うと、とても恐ろしい小学生だ。これをすればこうなる、こうなればこんな結果が出ると仮説を立て「狙って」行動しているのである。

「決めること」と「狙うこと」の重要性がおわかりいただけたと思う。

あなたは、何を決め、どう狙っているだろうか？　何にせよ、まずは決めることから始めよう。そして、次はそれを成し遂げるための結果を狙って行動してほしい。

夢や目標を実現するには、最終目標を決めて、小さなステップを積み重ねてそこへ向かうことも大切だ。これも「狙うこと」である。たとえば、マラソンでしんどいときに次の電柱まで頑張ろう、それを越えたらまた次の電柱まで……というように小さなステップを乗り越えていくイメージである。

そして、まずは行動してみて、目指すものと今の自分との乖離の中にある改善点や強化点を見つけて次につなげることが、最終目標を形にするために必要だ。

もし、今の自分とありたい姿がかけ離れていたとしても、絶望してはいけない。それは自分の伸びしろであり、無限の可能性の表れだからである。そこには必ず「大きく成長するヒント」が隠れている。

夢や目標を持てないという人は、期日を決めて、夢や目標を持つこと自体を目標にしてみてはいかがだろうか。そして、それを具体的なイメージとして狙う。

「決めること」と「狙うこと」は何かを成し遂げるために必ず必要な思考なのだ。

受けた恩は結果を出して返さないといけない

仕事を成功させ、輝く人生を手に入れるために必要なこととして、私は次の言葉を座右の銘にしている。

〈受けた恩は石に刻み、かけた恩は水に流せ〉

このことはプラザセレクトの『経営計画書』にも次のように明記している。

「困っているときに手を差し伸べてくれた恩はいつかどこかで必ずお返しする。都合のいいときだけの関係をつくってはいけない。しかし、こちらが手を差し伸べたときは恩着せがましく言ってはいけない」

受けた恩を忘れない。このことを大事にしようと思ったのは、私がプラザセレクトを興したときの経験が背景にある。

起業したときはとにかくお金がなかった。独立に備えて多少は蓄えていたが、運転資金にはとても足りない。資金調達には苦労した。銀行は経営者としての実績のない人間にはお金を貸してなどくれない。

また、私たちの仕事である住宅建築においては大工さんはじめ外部の業者さんの専門性なしには立ち行かない。それに建材や設備などの材料がなければ家は建たない。それらを買うには現金が必要だ。だが、創業当時はそれを前払いするお金がなかった。

業者さんの立場から考えれば、信用のない私たちと新規取引をしなくても、すでに取引先はたくさんある。どこの馬の骨かわからない奴らが興した会社の仕事など請ける必要は

経営計画書

ない。しかも、私たちの会社が成長する保証などどこにもない。

だが、そんな中で応援してくれる方々がいた。一部の業者さんが手を差し伸べてくれたのだ。これはありがたかった。その気持ちの温かさが身に沁みた。

ビジネスが成長すれば取引先が変わることもあるだろう。だが、最初に手を差し伸べてくれた人たちの恩を私は一生忘れない。

そして、受けた恩はいつか必ず返さなければいけない。恩を受けた相手が困っていることがあれば今度はこちらが応援する番だ。そして、こちらが手を差し伸べたことはさらりと忘れる。もちろん、それで恩を返し終えたわけでもない。感謝の念は一生持ち続けなければならない。今があるのは「あるときに誰かが手を差し伸べてくれたから」だ。

「このことを忘れてはいけない」と、私は肝に銘じている。

今ある環境は誰かがつくってくれたもの

会社の倒産を経験して以来、私は「働く場所があるのはすごいこと」なのだと考えるようになった。

みな、就職したら、普通に出社して、普通に給料をもらえていると思っているが、実はそれは違う。最初に何もないところから創業者がその企業を創り、今に至るまで歴史を紡いでくれた多くの先輩たちがいて、今いろいろな人がその会社を支えているからこそ、社員は働く場所と給料を得ることができるのだ。最初から自然にそこにあるものではない。私たちはそのことをつい忘れがちだ。

誰かのおかげで働く場所がある。今、この瞬間も誰かがそのためのリスクも背負っている。それを忘れて「あれが悪い、これが悪い」と文句を言ったりすることもある。だが、もらえる給料も働ける場所も「無償で得られる既得権ではない」ことは肝に銘じるべきだ。

「9時5時」で働いていれば25日には黙っていても給料が入るわけではないのだ。誰かがその会社を創り、リスクと責任を負い、会社は製品やサービスを提供するために頑張って、それをお客様に届けて喜んでもらい、その売上から原価を引いた残りの中で人件費を決め、それを社員で分配する。それが給料だ。その一役を買い、貢献して、活躍する責任を負って、あなたは今、所属している場所に就職していて、その期待を込められて採用されている。

ともかく、今ある環境は当たり前に存在しているのではない。誰かがその環境をつくってくれているのだ。はじめに会社を立ち上げた人がいるから、今自分が働くことのできる場所があるということを忘れないでほしいと思う。

そして、これは会社に限った話ではない。

私たちは誰もが前の世代の人がつくった世界の中で生かされている。道路があるのは誰かが最初にそれをつくったからだ。飛行機があるのは誰かが空を飛びたいと思ったからだ。誰かが「こうだったらいいな」「これがやりたいな」と考えて実現させたものを私たちは今使わせてもらっている。

だから、私たちが「何か新しいことをやりたいな」「こうだったらいいな」と思っていることが、50年、100年後には実現し、次の世代がそれを当たり前に使っているかもしれない。そうやって、世代はつながっていく。

これは「常識」についても同じだと思う。

今の常識は前の世代がつくり、今の世代が引き継いだものだ。しかし、その常識が時代に合わなければ誰かがそれはおかしいと考えてその時代の常識を変え、新しい常識が生まれ、次の世代の中でその常識がまた生かされていく。それが繰り返される。生命の連鎖も同じである。

会社も組織も常識も、私たちは前世代の人たちがつくった環境の中で生かされている。そのことを意識し、感謝する必要があると思う。

そして、今に生かされている私たちは次の世代のために、いいものはそのまま残すとともに、新たなものを生み出していかなければならないのだ。

本当の無駄をなくし、大切な無駄を楽しむ

仕事をする上で業務の効率化や合理化は必須だ。だが、無駄なものを完全に削いでしまうと仕事は殺伐とし、全く楽しくなくなってしまう。

「仕事が忙しい。大変だ。もっと合理化しないと」と合理化を進めていくと、空いた時間にまた新しい仕事を埋めて仕事はどんどん増えていく。

普通の経営者は、業務を合理化して時間が空いたら、「もっと働け」「空いた時間でもっと営業に回れ」と言うだろう。だが、私は「お客様のところに行って遊んでこい」と言う。社員同士で遊んだり、ゲラゲラ笑う馬鹿話をしたりすることも推奨している。

これは当社の経営計画書にも明記しているし、社員にもよく言っていることだが、目的は合理化にあるのではない。合理化で時間が生まれたら、その時間は「無駄なこと」をするために使うのだ。無駄というのを、遊び、あるいは余裕と言い換えてもいいだろう。要するに、本当に手間をかけるべき仕事という意味だ。

合理化で時間のスペースができたら、たとえばお客様にちょっとお花でもプレゼントする。近所のスーパーで安売りしていたミカンを持っていってあげる。社員同士で誕生祝いをするのもいいだろう。

そういう無駄なこと、別に仕事としてはやらなくてもいいことをやる。そこに楽しさが生まれる。手間をなくしてしまったら仕事は面白くない。手間暇をかける中に新しい価値観、人生の楽しみ、ウキウキ、ワクワクする気持ちが生まれる。だから、手間暇をかける。無駄なことをする。その時間をつくるために合理化があるのだ。

人を思いやる、人を楽しませるというのは当社の大切にしている考え方だ。そのためには時間と気持ちの余裕がなければならない。

合理化をとことん追求して生産性を上げ、利益を得る。それが企業の進む道だというのが大方の考え方だろう。だが、それだけでは味気ない。手間暇をかけるべきところはかけ、誰かに「にこっ」としてもらい、自分も楽しむ。そういう時間をどんどん増やしていくことで、また発注が増え、利益が上がり、社会に必要とされる企業になっていくのだ。

仕事を実りあるものにする術は、合理化で「本当の無駄」をなくし、空いた時間で「大切な無駄」を楽しむことにある。これは当社のポリシーでもある。

楽しく仕事をする社員がいるから仕事は楽しくなる

お客様やビジネスパートナーの方からよくこんな言葉をかけられる。

「社員さんがみんな楽しそうに仕事されてますね」

「社員さん同士、仲が良さそうですね」

「会社の雰囲気が良さそうで、いい感じだなあと思います」

これらは会社を経営している私にとって、最も嬉しい言葉の一つだ。

もちろん、商品やサービスについて喜んでいただき、お褒めの言葉をいただくのは嬉しい。だが、それは対価をいただいて事業を営んでいる立場からすると当然のことである。そうではなく、社員や会社の雰囲気を褒めてもらえると、ビジネスの本筋とは視点が少し違ってとても嬉しい。お世辞も入っているのかもしれないが、少なからずそういう雰囲気を当社に感じてくれているのであれば経営者冥利に尽きる。

誤解してほしくないが、当社の社員は仕事をただ楽しくやっているだけではない。業務も社員教育もかなり厳しい水準で行われている。

どんな仕事でもそうだが、私はそもそも仕事自体が楽しいものだとは思っていない。仕事自体が楽しかったら、給料なんかいらない。楽しい場所に遊びに行って、お金をもらおうと思う人はいないだろう。楽しさだけを提供してくれる場所なら、逆に入場料が必要になる。

お金をいただいている以上、仕事はむしろ厳しいものでなければならない。だが、そういう仕事を楽しむ、仕事の中に楽しみを見つけることが大事なのだ。仕事を楽しむ人がやっている仕事だからこそ、その仕事が「楽しい仕事」になる。

そうやって仕事を楽しめる社員が多ければ多いほど、会社は楽しい雰囲気になる。お客様もそういう雰囲気に惹かれ、そこから商品を買いたいと思うだろう。会社を成長させるのはそういう楽しさの連鎖なのだ。

「なんか楽しそう」

「なんだかいい感じだね」

「こんなところで働いてみたいな」

「こんな会社、担当者から商品を買いたいな」

こういう感覚が大切。そういうところに人は集まる。私はそんな会社をみんなで創っていきたいと思っている。

答えはお客様が持っている

私は定期的に、住宅をお引き渡しさせていただいたお客様のお宅を担当者と一緒に訪問している。訪問する目安はお引き渡し後1か月程度経過した頃だ。

タイミングが合わなかったりして、必ずしもすべてのお客様のお宅にお伺いできない場合もあるが、この時間の確保を優先事項としてスケジュールを組んでいる。

その最大の目的は、住み心地など率直な感想を聞いて商品改善につなげるためである。お客様宅を訪問すると、毎回必ず貴重なご意見をいただくことができる。実際に住んでからのご意見というのは、私たちの商品やサービスの改善につながるリアルな声だ。社内で、ああでもないこうでもないと議論したり、図面とにらめっこしたりしていても見えない大事な「何か」に気づくことができる。

お客様が喜んでいる顔を拝見できれば私たちも嬉しい。「良かったな」と心の底から思える。それが仕事のやり甲斐につながる。

答えはお客様が持っているのだ。

それに、私たちが訪問するとお客様にも喜んでいただける。「わざわざ来てもらって」と言ってくださる。

人は、自分のことを気にしてもらえることが嬉しいものだ。

だから、私は社員にお客様のことを、お名前でお呼びするように言っている。お子さんがいれば、お子さんの名前を覚えるようにする。車の車種も確認しておく。

担当者が名前でお呼びするのは当たり前だ。担当者以外の人間に名前で呼ばれるから嬉しいのだ。お客様が会社にいらっしゃったときに、初めて会った社員に名前で呼ばれたら嬉しいと思う。「どうして自分の名前を知っているんだろう?」と思うだろう。

社員には、2回目以降の来社の際には、お出しする飲み物も聞くなと言っている。

「今日もアイスコーヒーでよろしいですか？」

「○○ちゃんはリンゴジュースだったね」

そう言われれば、「覚えてくれているんだ」とお客様も嬉しく感じるだろう。

完璧とは言えないが、そういうことはお客様の初回来社後にデータとして残しておく。これも「本当の無駄」をなくし、「大切な無駄」を楽しむことの一つである。

企業にとって営業は必要か？

私は、商談中のお客様の様子などを詳細に社員に尋ねるようにしている。商談がまとまったことよりも、当社のどこが良かったのかが知りたいからだ。

そもそも、そのお客様が最初になぜ当社に問い合わせてきたのかも知りたい。チラシだったら、チラシのどこに惹かれたのか？　ホームページを見たのなら、どう検索して、どこから当社のページに入ってきたのか？　そういったことがわかれば、経営資源をどこへ投入すればいいかということや、より効果的な広報戦略も見えてくる。

繰り返すが、すべての答えはお客様が持っているのだ。

私は、企業にとって「営業」という仕事は実はあまり必要ではないのではないかと思っている。

必要とされていない商品を売ろうとするから、営業が必要になる。お客様がその会社の商品やサービスが欲しかったら、営業しなくても買いに来るはずだ。

自分のことを考えればよくわかる。どうしても欲しい商品があれば、自分から問い合わせて買いに行こうとするだろう。そのときに「売りつけられた」とは思わないはずだ。近年よくある風景では、新しいｉＰｈｏｎｅが発売されるたび、欲しい人は並んででも買いに行っている。外食だってそうだ。「あの店のあれが食べたいから」と混んでいても食べに行く。

逆に、自分にとって必要のない商品やサービスはどれだけ営業されても買う気にはならない。そもそも必要のないものはタダでもいらない。いらないものは「いらない」のだ。

ただ、当社の事業である住宅や不動産の場合、お客様への説明は必要になる。買い方や税金など専門的な知識がいるからだ。

しかし、物販であればいい商品があれば営業は必要ないのではないかと思う。魅力的な商品がなく、売れないから営業マンを雇う。それで人件費がかかる。売れないから広告を打つ。その経費を捻出するために商品の価格が上がる。だから、売れなくなって、また営業活動をする。その悪循環だ。

こういう悪循環を断つ必要があると思う。そのためには、いい商品やサービスをつくる努力が必要だ。そちらの努力を怠り、「売ること」に終始するから経費がかかり、本当は10円でできるのに価格が100円、200円になる。今の世の中の経済活動のほとんどがそうなっている。

私は、多くのお客様が本当に魅力を感じる商品やサービスを開発し提供していきたい。そのためには、答えを持っているお客様のことをよく知る必要があるのだ。そして社員もみんなが欲しいと思ってくれて、嬉しそうに買いに来てくれる商品やサービスを提供できたほうが、仕事が楽しくなるに決まっている。

縁をつないでいく努力を

私は「縁」というものを大事にしている。

前述したが、かつて勤めていた会社が倒産し、再就職へのきっかけになったのも以前お世話になった方とのうどん屋での偶然の出会いだった。

当社の顧問税理士も以前勤務した会社で10年前に出会った方だ。当時は2人ともまだ20代で、その税理士さんは個人事務所を開業したばかりだったが、10年を経て再会し、大きな事務所を構えるまでになっていた。10年前の出会いだが、私は当時から自分が起業したらこの人に顧問税理士を頼もうと思っていた。

現在、当社のデザインやブランディングを支援してくれているアートディレクターを紹介してくれたのは、15～16年前の会社員時代の私の部下だった。「すごい人に出会った。三谷さんが探しているような人だと思う」と連絡があり、アポイントを取ってもらい県外まで会いに行った。私は買っていただける商品をつくるにはブランディングが重要だと思っていたので、長年ブランディングに強いアートディレクターを探していた。実際に会って話すと、とてもウマがあった。「この人だ!」と思った。それで、ロゴタイプやマーク、看板などブランディングに関するデザインとディレクションをすべてお願いした。そこから、事業が加速度的に軌道に乗り始めた。

結局、何かがつながっている。縁のつながりが人生を好転させる。縁のある人とは、今はつながらなくても5年後か10年後かわからないが、どこかで必ずつながる。だから、出会った人はできるだけ大事にしなければならないと思う。少なくとも「この人とはずっとつながっていたい」と思ったら、その縁をつないでいくための努力をする必要がある。

仲間や友だちに対しても同じだ。学生時代など若いときは、しょっちゅう会っていた友だちでも、歳をとるほどそれぞれ忙しくなり疎遠になっていく。そして、深い付き合いが続く友だちの数は減っていく。だから、「この人とは」と思う相手とは、意識的に連絡を取ったり年賀状を出したりすることが大事だ。私はあまり社交性もないし、交友関係も広くない。だが、「この人は」と思った相手とはとことん付き合うようにしている。

「縁を大切にしろ」とよく言われるが、日常生活でこれを重要視し、実践していくのは難しい。日々生きていく中で、つい自分のことばかりを中心に考えてしまうからだ。

だが、あるとき出会った人と、たとえ会わない期間が長くあいてしまったとしても、何かのタイミングやそれぞれの立場の変化で、再び縁がつながるかもしれない。一見、偶然のように思える出来事でも、偶然で終わらせずに縁をしっかりと紡いでいきたいと思う。

私と社員が出会ったのも、当社とお客様が出会ったのも、すべて縁だと思っている。ビジネスパートナーである業者さんとの出会いも同じだ。

私は、取引量が多いビジネスパートナーにお盆と年末は私自身でお中元・お歳暮を手渡しで届けるようにしている。郵送せずに、直接持参する。「わざわざ社長が来てくれなくても」とみなさん喜んでくださる。

しかし、私たちの会社はまだ小さいし、最初に助けてもらったという恩義もあるので、そういう方のところにはなるべく足を使って自らで行くようにしている。会社が大きくなってもこれは続けたいと思っている。

第3章

「今から100年続く企業」を創るために

今から100年続く企業を目指す

私はプラザセレクトを「今から100年続く企業」にしていきたいと考えている。経営計画書の最初のページの経営理念には「目指すべき組織」として次のように明記されている。

「今から100年続く企業、胸を張って誇れる仕事をする集団

良心と誇りを持った経営に徹する

良心と誇りを育める社員を集め、仲間意識を高める。助け合い、励まし合い、切磋琢磨し、全員で苦楽を共にして成長する

そして、永続的な発展を遂げ、出会って良かった、あなたがいてくれて良かったと思われる社員と会社となり、地域、日本、世界をよくすることに繋げていく」

ポイントは「今から」100年続く、という点だ。常にその時点から100年続くということ。つまり、永続的な発展を遂げるということである。

そして、そのためには胸を張って誇れる仕事をすることが大事だ。

身近な例で言えば、たとえばお父さんが「今日も仕事が嫌だった」と家に帰っては愚痴

ばかり言ってたら、家族はどう思うだろうか。自分は憂さを晴らしていいのかもしれないが、それを小さいころから耳にしている子どもは「大人になって働くのは嫌だな」と刷り込まれるし、「大人になんかなりたくない」と感じるかもしれない。奥さんも「この人を応援してあげよう」とは思えなくなるだろう。

だが、「今日、俺はこんな仕事をした」と楽しかったことや夢を語り、仕事に誇りを持ちイキイキとしていたらどうだろう。子どもは仕事に夢を託すようになり、大人になることに希望を持って今を生きていくだろう。奥さんも「この人を支えよう」という気持ちになるはずだ。

女性が社会で活躍するのも当たり前の時代。この業界には珍しいが、当社でも女性スタッフが多い職場だ。男女関係なく、イキイキと働いている人は輝いていて素敵だ。

私は、そういうイキイキと働く社員がたくさんいる会社を目指したい。それ自体が企業の大きなブランドになる。

「にこっ」を集めよう！

プラザセレクトの企業としてのスローガンは、『Be Smile 「にこっ」を集めよう！』というものだ。

私たちは「あなたがいて良かった」と言っていただける企業を目指している。社内ではこれをわかりやすく表現し、関係者の笑顔を集めるという意味で、「にこっ」を集めろ！と常に言っている。

社員にも、お客様にも「にこっ」のない仕事はすべて意味がない。社員が疲弊して暗い顔をしている会社から商品を買いたいとは思わない。お客様にも無理に売り込むことなく、笑顔で買っていただきたい。それによって、私たちも「にこっ」を分けていただき、喜びを共有する。

「にこっ」の欠ける事業や仕事は認めない。それが当社の大前提だ。

プラザセレクトの商品をいいと思ってもらえるお客様を増やし、当社と取引したい、付き合いたいと思うビジネスパートナーを増やし、当社に入社したいと思ってくれる人を増やす。そういう人たちが増えれば、幸せが広がっていく。「にこっ」は伝播するのだ。

人間は美味しいものを食べたら瞬時に満足げな笑みを浮かべる。大好きな人にプレゼントをもらえば嬉しそうに微笑む。お客様も同じだ。商品やサービスに満足していたら、必ず「にこっ」とする。

よく顧客満足度をアンケートで調査し、数値化している資料を目にする。そこに何の意味があるのか私には理解できない。喜びの感情を集計できるはずがない。

お客様が「にこっ」とする。その瞬間がすべてだ。

すべての関係者の「にこっ」を集める。それが私たちの会社の使命である。

業界の常識は社会の非常識

これはどんな業界でもそうだが、自分の業界の常識が社会の非常識であることに気づかないという場合が多々ある。その業界の内部で生きていると、物事を俯瞰して見ることができなくなり、いつの間にかその業界の常識が自分の中の当たり前になってしまいがちだ。そして、何が普通で何が変なのかさえ気づかなくなってしまう。

私たちの住宅不動産業界で言えば、つい忘れがちなのが「高額商品を売る者の責任感」

である。

住宅・不動産は言うまでもなく高額商品だ。そして、そこには非常識な商習慣がある。このことに、この業界に身を置いている方がどれだけ気づいているだろうか。

一般的な非常識ポイントを挙げれば次のようなことだ。

①高額商品で、一般的には一生に一度の買い物

ローンを組み、生命保険をかけて命を担保にして買う。

②一品受注生産

建売など規格化した商品でも、その建物はそこにしかない一品物。

③現場で目に見えるところで生産する

普通の製品は工場などでつくるのに対し、住宅不動産はお客様の目に触れる現場でできあがっていく。

④代替がきかない

普通の商品は不良品などの場合は返品できるのに対し、住宅不動産は交換や返品ができない。

⑤現物がないまま購入する

最近はネット通販もあるが、通常は現品を見て購入する。だが、住宅不動産の場合、お客様は図面だけを見て購入を決める。

⑥先払いの商慣習

大きな買い物で、現品も見ることができず、この世にまだ存在していない建物に対して、多額のお金を先払いで支払う。

このように、お客様は大変な覚悟をして商品を買ってくださる。またこの業界では、当たり前のように前払い金をいただくが、冷静に考えれば多くの他業界ではあり得ない話だ。商取引の原則はお金と商品の交換であり、またその交換は同時または後払いで行われる。

日常生活を思い出してみてほしい。

まだこの世に存在しない商品を、数百万というお金を先払いして買ったことがあるだろうか？

レストランで料理を食べるとき、入店前にそのお金を払ったことがあるだろうか？

服を買うときに、ローンを組み、生命保険をかけて借金して支払ったことがあるだろうか？

私たちは、業界特有の非常識な常識の中で、お客様が私たちを信頼してこのような無理を聞いてくださっているからこそ、今の形で商売をすることができている。

ところが、売っている側はその責任を忘れ、流れ作業のようになっていることも少なくない。

高額商品を売る者にはその責任感が必要であり、お客様に対して真剣かつ誠実であらねばならない。そして、プロとしてのスキルを絶え間なく磨き、お客様に最善の提案をしなければならない。

こうした責任を果たすことは私たちの義務である。人格も含め、高額商品を売る者としての人間力を鍛えなければならない。

だからこそ当社には、「教育は厳しいと思われても、しっかりと行うことを社風とする」「誠実な社員を育てる」という方針がある。そのために、経営理念を重視し、経営計画書を厳しく遵守させている。

スキルよりも経営理念に合うかどうかを重視して社員を採用するという方針をとっているのも、同様の理由からである。

商品力とブランディング

商売というのは、価値と価値の等価交換によって成り立っている。それが大原則だ。

たとえば、紙コップという商品を売る場合のことを考えてみよう。

まず、売る側は「この紙コップはこういう考え方でつくられている」と正しく説明できなければならない。そして、「この紙コップがあれば洗いものが減りますよ」とか「外でコップを使いたいときに携帯しておいて気軽に使えますよ」など、お客様の悩みの解消、願望の実現ができることを提案する。

その紙コップが100円と設定されている場合、お客様は願望の実現ができるという価値と100円という価格を比べて必要だと思えば買う。100円はその価値に対して高いと思えば買わない。買うか買わないかを決めるのはお客様だ。

お金を払えるだけ持っているという前提があれば、お客様は価格が1億だろうが3億だろうが欲しいものは購入する。しかし、要らないものはたとえ0円でも買わない。

価値も価格もそれ自体では高いか低いかを決定できない。どちらも絶対的なものではなく、両方を比べたときの相対的なものだ。私たちは、「こんないいものが100円で買えるのか」とお客様に思っていただけるような商品をつくらなければならないと考えている。価値と価格のバランスを考え、価値が価格より大きくなるような商品づくりを心がけている。

その一例を挙げると、プラザセレクトでは「一戸建てを持ちたい」というお客様の夢の実現をお手伝いする「戸建プラザ」を展開し、無理なローンの支払いをしないで、しかもオシャレに住める住宅に着目した「リラクス」というオリジナル商品を販売している。建売住宅リラクスの場合、土地と建物セットで「1000万円台で手に入れることのできる高品質でオシャレな新築一戸建て」というコンセプトだ。

世の中に完璧な人間がいないのと同じように、すべてのお客様に満足いただける完璧な商品も存在しない。一つの商品に全員が満足することはありえない。だったら、満足してくれる人だけに特化した商品をつくればいい。そして、その点を増やして面にする。いろいろなコンセプトの商品を集めれば、多くの方に満足していただけることになる。私たちは「こういうのが欲しかった」とお客様に言っていただける商品づくりを目指している。

だが、どれほど素晴らしい商品を持っていようと、それが世の中に知られなければ存在していないのも同じだ。どう知ってもらい、どう伝え、どう発信するのかもとても重要である。

私は、商品や会社の存在を正しくお客様に伝えるために必要なのが「ブランディング」だと考えている。ブランディングというのは「評判」や「イメージ」のことだ。いい評判を得て、いいイメージを持たれることが強いブランドにつながる。

誰しも知っている高級時計やバッグも、身近なファストフードも、多くの人がその商品の特徴とイメージを持っているだろう。ブランドとは、世の中に刷り込まれている「商品自体の特徴」と「商品から派生するイメージ」の両面から形づくられるものなのだ。

リラクスを例に説明すると、「商品自体の特徴」は前述したように「リーズナブルでオシャレな住宅」であるということ。

「商品から派生するイメージ」については、「戸建プラザの建売はすぐ完売するから早めに買わないと手に入らないぞ」という心理的イメージである。

この2つが組み合わさることでプレミアム感が演出され、商品のブランド価値が上昇する。私たちが目指すのは「行列のできる建売屋さん」である。

なお、当社では、不動産投資用のオリジナル商品として、「新築・土地なし・2000万円以下ではじめられる投資専用住宅セレクトシリーズ」も展開している。セレクトもコンセプトを明確にして、そのコンセプトを望んでいるお客様には、大きな満足をしていただけるようにコンセプトを研ぎ澄ましている商品である。

ビジネスでは相手を知ってから会うことが礼儀

ビジネスでは未知の相手と会う機会が多い。そして、初対面の際の印象がビジネスの成否を左右することも少なくない。

当社にも、よく飛び込みの営業がやって来る。駄目な営業マンは「御社は建売住宅はやっていないんですか？」などと平気で聞いてくる。私たちの会社の事業内容くらいホームページを見ればすぐにわかるのに、そんなことも調べてこないのだ。

意外とこういうことさえしない人が多い。この情報化社会、インターネットで調べれば相手の情報はかなりの部分まで事前にわかる。

その程度の準備をするのは相手に対する最低限の礼儀だと思う。これはもちろんお客様に対しても同様である。

自分のこととして考えればわかるが、相手が自分のことを知ってくれていると嬉しいものだ。

「社長、ブログでこんなこと書いてましたよね」などと言われると、見てくれているんだと嬉しくなる。私は、社員にも最低限このくらいのことはするようにと言っている。

お店にご飯を食べに行ったときに、店長さんや店員さんが前に来たことを覚えていてくれて、「こんにちは。いつもありがとうございます。今日は◯◯が入りましたよ」などと言ってくれたら嬉しい。またあの店に行こうという気持ちになる。

ものを売る商売では、これだけ経済が成熟した時代になれば、誰がつくってもほぼ同じような品質の製品はできるだろう。とくに、日本の製品はそうだ。住宅はその最たるもので、住宅会社は「うちの住宅はすごい」とアピールするが、どの会社がつくった家も大きな差はない。最低限の品質は保った商品ができる。あとは価格によってグレードや設備が違ってくるだけだ。

そんな状況で、どの会社に頼もうかと考えたとき、お客様は「あの会社の人は感じが良かったな」という印象で選ぶ。

だから、私たちは大切な「無駄」を重視している。どれだけお客様に関心を持ち、寄り添い、「にこっ」としてもらえるか。そこが勝負の分かれ目だ。

やらざるを得ない仕組みを考える

ビジネスにおいては、常に仕事の質を最高に保つ必要がある。だが、人間は生来なまけものであり、放っておけばついさぼってしまうものではないだろうか。

何かを最高のレベルで保持しながら継続的にやり続けられる人はきわめて稀有だろう。むしろ、そういう人間は怖いとさえ思う。

私を含めて、さまざまなリスクや責任を背負っている経営者でも手を抜いてさぼってしまうことはある。だから、人間はそういうものだという前提で会社のシステムをつくっていく必要がある。

具体的に話そう。たとえば当社のホームページには「DAYS——日々のこと」というブログがあり、社員はそこに近況などを最低週1回はアップしている。内容は何でもいい。日常の中で見つけた出来事や風景などを切り取り、写真を撮って載せる。さらに、月1回読書レポートを、この「DAYS」にアップすることも決めている。

このブログはお客様やビジネスパートナーも見ているので、きちんと書いていないと恥ずかしい思いをする。よって日常のことをアップするためには、日々感度を高く持ち、気

ブログ「DAYS――日々のこと」

づきのレベルを上げて過ごさなければ書くネタが見つけられないし、読書をしていないとレポートを書くこともできない。だから、みんなサボらずに真剣にやらざるを得ない。

お客様宅の訪問も同じだ。よほどの営業マンでなければアフターフォローとしての定期訪問数は徐々に減っていく。だが、社長がお客様訪問をすると言えば、社員はアポイントを取って訪問する用意をしなければならなくなる。

しかし、「こうしよう」と決め事をしても、それができて、さらに継続してやりきれる人はなかなかいない。だから管理が必要になる。当社の場合、会議の議事録が誰でも見られるところに保存されていて、どの会議も最後に必ず「決定事項とその担当者及び納期」が記される。そして次回会議の冒頭で必ず「前回決定事項の確認」という場が設けられており前回の決定事項を実際に行ったかどうかを確認されるので、やっていないとバレてしまう。

私は「人間はさぼる動物だ」と認めている。面倒なことはしたくないのが人間なのだ。やらないのが当たり前なのだから、やっていないことを怒ったり悔やんだりするよりも、やらざるを得ない仕組みをつくって仕事の質を上げていくことが重要である。その仕組みがあるにもかかわらずサボれば厳しく指導する。しかし、手順や決まりがないのにやっていないことに対して感情で怒ってはいけない。これはプライベートでも使える技だと思う。

感動を超えるサービスを届けたい

お客様満足度向上はあらゆる企業にとっての最重要課題だ。どんな企業も「お客様のために」と同じことを言っている。当社も然りだ。

では、お客様が満足する瞬間とはいったいどんな状態なのだろうか？

それを明確に考えなければ、お客様満足向上など実際には実現できない。「良さそうだ」「満足していそう」という雰囲気だけでは不十分だ。

答えはいろいろあるかもしれないが、その一つは「お客様が満足する瞬間＝お客様の期待を超えた商品・サービスを提供したとき」ではないだろうか。

自分が消費者として食事や買い物をするときのことを考えれば容易に想像がつく。期待どおりでは誰も感動しない。100円でうどんが食べられる店に行って、実際100円で食べられても感動はない。それを食べようという意思でオーダーし、だいたいの味も予想していたからだ。

しかし、そこに予想もしていなかったレジ係の素晴らしい接客や想像を超えた味が盛込まれていたら、「すごい！」と思う。それで満足度が上がる。

感動はお客様の予測を超えたときに初めて生まれる。そういうサービスを提供するためには、時間も心の余裕も必要だし、社員の感性やセンスも鍛えなければならない。

ただし、満足には心理的な慣れがあるという怖さもある。今日満たされた満足レベルでは、明日は満足を届けることはできない。お客様の期待は増殖する。だから、今まで満足していたことさえいつしか当たり前になり、昨日の満足は明日の不満になってしまったりする。

つまり、何かを利用すればするほど、慣れによって満足度は低下する。

企業としてお客様満足を考えた場合、昨日も今日も同じレベルにとどまっていれば、お客様はその現状に不満を感じるようになる。お客様に満足していただき続けるには、毎日毎日企業として進化・改善し続けなければならない。私たちの課題は「今日の自分を超える」ことである。

だが、感動を与えようとか、涙を流してもらおうなどと大それたことを考えると逆にいやらしくなってしまう。むしろ、必要なのはちょっとした気遣いや相手への思いやりだ。

そこで重要になるのは「気づく力」である。

気づきとは何か？　その本質を理解するのに格好の話があるので紹介しよう。

ディズニーランドにこんな伝説がある。

――若い夫婦が2人で園内のレストランに入った。店員はその夫婦を2人がけのテーブルに案内し、メニューを渡した。すると、その夫婦はメニューを見ずに「お子様ランチをください」とオーダーした。店員は驚いた。ディズニーランドの規則で、お子様ランチを提供できるのは9歳未満と決まっているからだ。店員は「お客様、誠に申し訳ございませんが、お子様ランチは9歳未満のお子様までと決まっておりますので、ご注文はいただけないのですが……」と丁重に断った。すると、その夫婦はとても悲しそうな顔をしたので、店員は事情を聞いてみた。

「実は……」と奥さんが話し始めた。「今日は、亡くなった私たちの娘の誕生日なんです。私の体が弱かったせいで、娘は最初の誕生日を迎えることもできませんでした。子どもがお腹にいるときに主人と『3人でこのレストランでお子様ランチを食べようね』と話していたのですが、それも果たせませんでした。子どもを亡くしてからしばらくは何もする気力もなく、最近やっと落ち着き、亡き娘にディズニーランドを見せて3人で食事をしようと思ったものですから……」。

店員は話を聞き終えると、「かしこまりました」と答え、その夫婦を4人がけのテーブルに案内した。さらに、「お子様はこちらに」と夫婦の間に子ども用の椅子を用意した。やがてそのテーブルにはお子様ランチが3つ運ばれてきた。その店員は笑顔でこう言った。「ご家族で、ゆっくりお過ごしください」と。

その夫婦から後日感謝の手紙が届いた。「お子様ランチを食べながら、涙が止まりませんでした。まるで娘が生きているように家族の団欒を味わいました。こんな体験をさせていただけるとは夢にも思っていませんでした。もう涙を拭いて生きていきます。また来年も再来年も娘を連れてディズニーランドへ行きます。そしてきっと、この子の妹か弟も連れて行きます」

この話には重要な点が2つある。

まず、お子様ランチを提供することは規則違反だが、規則より思いやりを優先したところに感動が生まれたこと。そして、この店員が「お客様の心の中の声なき声」を聞き取ることができたからこそ起きた奇跡だったということだ。

これが気づきの原点である。センスのよさも必要かもしれないが、根底にあるのはお客様に喜んでいただこうという想いだ。

お客様に感動を超えるサービスを提供し続けるには、こうした気づきのレベルを上げていかなければならない。そのために必要なのは日々感性を磨くことと、自分以外の人へ寄り添える心の余裕である。

考えることは「知識」と「経験」がなければできない

よく上司が部下に「よく考えろ」とか「頭使ってやれ」と漠然と指示を出す。だが、センスのいい人は別として、それがなかなかできない人も多い。それはセンスの問題というよりも、知識と経験がないからだと思う。

「このデータを分析して資料にまとめて」と言われても、その人が「1＋1＝2」とか、掛け算や小数点などの知識を持っていなければデータはまとめられない。この場合なら数字を足し引きする知識がないから考えることができないのだ。

そこには経験値も必要になる。何か近い経験があればこの計算をして、数字を並べて、それを表計算ソフトに入力する。さらには、ネットで参考データを検索して、検証して違いを洗い出し、プリントアウトして上司に提出すればいいかなどの流れをイメージすることができる。知識と経験が合わさって、はじめて人は考えることが可能になる

たとえば、私には「本をつくる」という知識がない。だが、なんとなくこんな感じかなとは考えられる。経験則があるからだ。本屋さんで本を触った経験があるから、本のサイズなどもなんとなくこのくらいの大きさかなとわかる。そこから、どうやればその本を効率よくつくり、販売をすればよいかもわかってくる。すべては知識と経験による。この2つがあるから予測ができて考えられるのだ。

知識や経験が乏しい人に何かを教えるときに、「考えて」と言うのは無責任だと思う。まずは、考えるための知識と経験を提供してあげる必要がある。それで初めてその人は考えることができるようになる。

知識も経験もない人に「考えて本をつくって」と言ってもつくることはできない。本のサイズや紙の種類にはどういうものがあるかをネットで調べろ、本屋さんで本を触って来

い、印刷工場でどのように印刷されるのか見て来いなどと具体的に指示をして、まず知識と経験を得ることができるように導くことが重要だ。それで初めて考えるという行為の準備が完了する。

だから、教育とは知識と経験を補充してあげることであり、そういうプロセスを踏まなければならない。教えられる側は素直に聞いて実行することは当たり前だが、教える側はそれらを明確に示してあげることが責任となる。会社も学校も同じである。

「なんでなんで病」の効用

私は自称「なんでなんで病」である。何か情報が入るたびに、まず「なんで？」と思う。仕事でもプライベートでもそうだ。何か興味のあるものが目に入ると、「なんでああなっているんだろう？」と思う。

お店でも気になることがあると、店員さんに「どうしてこうなってるの？」と商品以外のことでも聞いてしまうほどだ。店員さんは「何を言っているんだ、この人は」という目で私を見ながらも、わかる範囲で説明してくれる。

小さい頃からそうだった。これは生まれ持った性質なのかもしれない。物心ついた頃から母親がよくこう言っていた。

「おまえは、よちよち歩きで言葉を話し始めた頃から、『なんでなんで？』とよく聞いてきた」と。

そして、算数を習い始めると母親にこんな質問を繰り返していたらしい。

私「1＋1が2になるのはなんで？」
母「そうなってるの」
私「誰が決めたの？　なんでそうなってるの？」
母「ずっと前からそう決まってるの！」
（母の心の声）「しつこいな、この子は」
（私の心の声）「うーん、納得いかん」

この性格は今も同じだ。「三つ子の魂百まで」とはまさにこのこと。

社員やビジネスパートナーが何か提案してくれたときなどに、ほぼ間違いなく聞くワードがある。

「なんでそう思ったの？　その背景と理由を教えて」

「それはなぜそうなってるんですか？　そのメカニズムを教えてください」

ときにはお客様にもこう質問する。

「なぜ、住宅が欲しいと思ったのですか？」

「なぜ、そんな風にしたいのですか？」

われながら面倒くさい性格だと思う。

だが、「なんでだろう？」と思うことはビジネスだけでなく対人関係においてとても大事だ。「なぜ？」を最初に突き詰めておけば、あとあとうまくいくことが多い。相手の真意もわかるし、こちらの知識や経験で別の視点から目的に達するための提案やアプローチができるからだ。

「それが理由だったら、この方法ではなく、こんな考え方でやったほうがうまくいくと思うよ。そうすればこれが解決して……」というように解決策を生み出したり、回りくどかったやり方がシンプルになったりしたこともある。

問題が起きたときも同じである。「なぜ」そうなったかを何度も深堀りする。「なぜ」を繰り返していけば、根本原因が浮き彫りになり再発・未然防止の対策をうつことができる。

自分が今やっていることを理論的に説明できる人はあまりいない。「よくわからないけど、なんとなく家が欲しい」とか「みんなが建てているから」とか「そろそろそんな時期かな」と誰もが漠然とした理由で動いていることが多い。

そこで、「なんで？」と聞いていくと相手の考えていることの本質が見えてくる。そこから相手の望む本当のニーズがわかる。そこにたどり着いたときに初めて感動を超えるサービスや「にこっ」が生まれる。

たとえば、「キッチンをこんな風にしたい」という要望があったとする。「なんで？」と質問する。「料理が好きで」とか「こういう料理の仕方をするので」といった答えが返ってくる。「実は私は料理人で、家でこんな風に料理の研究をしたいから」という理由があるかもしれない。それを知ることでより良い提案ができる。そこで期待を超えた商品を提供することができるのだ。

相手に興味や好奇心を持って、「なんでなんで？」と聞くのは相手にいいものを提供するためのスタートだと思う。会社の経営も同じだ。論理的に「なぜ？」を突き詰めていったときに、当たり前にみんながやっていることをより良く改善できたり、新しい価値が生まれたりする可能性がある。

どんなに小さくとも「違い」を表すことが大事

前述したように、経済が成熟した今の日本には大抵のものはどこにでもあるし、商品・サービスの品質にも大きな差はない。

そんな状況で差別化を図るには、どんなに小さくてもいいから、何らかの「違い」を表すことが大切になる。

当社のプライベートブランド「リラクス」は1棟ごとにコンセプトの違う建売住宅を展開している。さらに、すべてのリラクスに共通で標準装備されている3大エッセンスと呼んでいる特徴がある。「シューズクローク」「スカイバルコニー」「ファサードライン」の3つだ。これは建売だけでなく注文住宅でオーダーをいただく場合にも同様に最初から装備しているリラクスの大きな特徴だ。

考えてみればどれも革新的な設備ではない。昔からあるものだ。だが、「これが当社のリラクスの3大エッセンスです」とアピールすることで、ちょっとした「違い」が生まれる。コンセプトの違いを打ち出す場合も同じで、ちょっとした違いを出すことで差別化を図っている。「この家にはパウダールームが付いていています」と言っても、小さい部屋に鏡を置いているだけで、それほどお金をかけているわけではない。そういう小さな違いの積み重ねなのだ。

だが、そこに意思や信念を込めることを私たちは大事にしている。「こういう想いからここにこれをつくっている」と自信を持ってアピールする。他社が真似をしようと思えば、表面的には簡単にできるだろう。

だが、私たちの商品には想いがあり、会社の理念や行動指針などからすべてつながっている。一つの商品の裏に無数の歴史や物語とこだわりがある。だから、他社が私たちの表層の真似をしたところで、絶対にオリジナルには勝てないと思う。

判断のための6つの基本方針

当社では、経営計画書が会社の想いや方向性を示す道標となっていて、社員にとってはすべての行動の指針となっている。

その中に「判断の基本方針」というものがある。仕事をしていると日常の業務など、「これはどうしよう？」と判断に迷う場面も少なくない。そのつど上司に指示を仰ぐわけにははいかず、自分で判断しなければならない局面もある。その場合、この判断の基本方針に立ち戻って考えるのである。

「判断の基本方針」は次の6つだ。

（1）「経営理念を実現できるか？」の問いを行う

すべての企業は経営理念を実現するために存在する。すべての業務は経営理念の実現につながっていなければならない。したがって、選択の基準となる考え方は、その選択が経営理念の実現につながるかどうかで決定する。経営理念は「我が社は必要とされる価値の創造を通じ、お客様と社員の物心両面の豊かさを追求します」というものだが、これは常に現在形であることがポイントだ。現在形だから、永遠にたどり着かない。未来永劫にわたり追求し続けていかなければならないのである。

（2）筋が通っているかどうかをよく考える

世間一般の感覚で「それはだめだろう」と思われることはしない。常に言行一致であることを理想とし、その姿勢を忘れない。

（3）お客様をはじめとするステークホルダーへの感謝

お客様、社員とその家族、ビジネスパートナー、地域社会、株主というステークホルダーがいて我々は事業をさせてもらえている。その感謝の心を根底に持って物事を判断する。

（4）毅然たる姿勢を持つ

われわれに非がないときは、正々堂々と毅然たる態度で意見を述べる。相手を不快にさせた場合は、たとえそれが誤解であっても誠意をもってきちんと謝る。その上で事実を説明する。しかしその場合でも、決して相手と喧嘩をしてはならない。

（5）信用は何よりも大切

目先の利益にとらわれて信用を失うような言動をしてはならない。だから、信用が失われると思ったら、目先の利益は追わずに信用を取る。お金は失ってもなんとかなる。だが、信用は失ったら取り戻せない。信用があれば、人とお金は後からついてくる。生きるか死ぬかの緊急事態を除けば、優先すべきは信用と信頼である。

（６）受けた恩を忘れない

困っているときに手を差し伸べてくれた恩はいつかどこかで必ずお返しする。都合のいいときだけの関係をつくってはいけない。しかし、こちらが手を差し伸べたときは恩着せがましく言ってはいけない。

判断に迷ったとき、この６つの基本方針に則っていれば、たとえ失敗して損害が出たとしても私は怒らない。逆に、うまくいったとしても基本方針に反していたら厳しく指導を行っている。

ダブルキャリア、マルチキャリアの推奨

私は社員に対して、ダブルキャリア、マルチキャリアを持つことを推奨している。

ダブルキャリアとは、２つの能力を併せ持つ人材になることだ。メインとなる専門的能力を１つ身につけ、その後もう１つのサブ能力を会得する。２つの能力を身につけること

で、仕事の幅と業務上の視野は圧倒的に広がる。

そして、2つの業務ができると、自分と違う業務をしている他の社員への思いやりが生まれる。会社にはよくある話だが、たとえば営業職は技術職や管理部門などに対して、「俺たちがいなければ仕事がないだろう」と言ったり、技術職は営業職に「自分の成績のために無理なオーダーばっかり取ってくる」などと言ったりして、職種間での摩擦が起きて不満が出ることがある。だが、営業の人がもし経理をやれば、「経理ってこんなに大変だったのか」と思うだろう。その結果、セクショナリズムが排除され、思いやりが生まれる。

また、仕事の幅が広がるという効用もある。営業は売るのが仕事だから、単純に売上アップを目指す。ただ、経理の知識もあれば、営業利益や経常利益、税金などのことにも考えが至り、会社に残る利益を増やすにはこのほうがいいだろうという発想で営業をすることができるだろう。

設計者が現場監督の苦労を知っていれば、現場がスムーズに動くような設計を心がけるようになる。そういう思いやりによって仕事がやりやすくなり、スピードや精度も上がる。

個人的にもダブルキャリア、マルチキャリアはいつか役に立つ。年功序列、終身雇用の時代は終わり、その会社に長くいるとは限らない。70歳、80歳まで仕事をしなければいけない時代になれば、転職も経験することになるだろう。そもそも、会社が潰れるかもしれない。

そんなとき、「私は住宅の営業しかしたことがない」とか「現場監督の経験しかない」ということでは就職先に困るだろう。昔は「手に職をつけたら一生食いっぱぐれない」と言われたが、もはやそんな時代ではない。いろいろな知識と経験のある人のほうが重用される。

その道一本で独り立ちできるほど突き抜けた能力を持っている専門職ならそれでいい。しかし、一般の会社員の場合、「これしかできません」というのは最も中途半端だ。

当社ではホームページに「他社で飯が食える人材になれ」と明記している。多くの人が勘違いしているのだが、自分の会社で仕事ができればどこでも通用すると思っている。だが、ほとんどの人は通用しない。その会社の枠内にいるからなんとかやっていけているだけなのだ。会社の仕組みや商品があるからうまくいっているにすぎない。

他社でも通用しなければ、本当の実力とは言えない。どの会社でも重宝されるほどの実力がある人材には、いろいろなところからヘッドハンティングのオファーが来るだろう。

もし、プラザセレクトの社員にそのようなオファーが来たとき、「僕はこの会社が好きだから」と1000万円、2000万円と積まれても、当社でいることを選択する。そんな会社にならなければいけないと思う。どこでも通用する人材を育て、しかもその人材が「この会社にいたい」と思えるような会社にしていく。そうすれば、すごい企業ができると思う。私はそんな会社を創ろうと思っている。

さらに先を見通せば、私の予測では会社に所属する今の形ではなく、いずれは社会全体が「ほぼ全員フリーランス」の時代がやってくると思う。みんなが個人事業主になり、会社という組織体はだんだん薄まっていくのではないか。そこにはＡＩ（人工知能）の進化もからんでいる。今まで人間が行ってきた作業のほとんどは、近い将来、機械にとって代わられると言われている。事務作業は機械がやることになれば、本質的な仕事をする実力がなければ生きていけない。

実際、女性の社会進出に伴い、在宅ワークも増えている。実は当社にも完全在宅ワークの女性スタッフがいる。副業を認めている大手企業も増えてきた。これを突き詰めていくと、一人の人間がいろんな会社から仕事を請け負うフリーランスになる。仕事はプロジェクトになり、能力に応じてそのプロジェクトに必要な人材が召集される。こういうことが当たり前な時代が来ると思っている。

ダブルキャリア、マルチキャリアはこれからどんどん必要になってくるだろう。

結論を決める、遠くに旗を立てる、夢・目標を持つ

人間は誰でもいつか死ぬ。みんな自分は交通事故には遭わないと思っている。でも、今この瞬間にここへ車が突っ込んでくるかもしれない。だから、私はいつ死んでもいいようにしておかないといけないと思っている。だから、日々を大事に生きようと決めている。

自分は80歳で死ぬかもしれない。そう仮定し、達成したい夢や目標を決める。そして、あと何年あるかを考える。これは夢や目標を達成するためのテクニックでもあるが、まず結論を決め、遠くに旗を立てて、そこから逆算して今何をするかを考える。そうしなければ、夢や目標にはたどり着けない。

80歳で死ぬとして、65歳以降はこんな生活をしたいと思えば、「これだけお金がいるから貯金しよう」とか「友だちがいないと寂しいから友だちをつくろう」とか「退職した日に奥さんが出て行ったら困るから、奥さんを大事にしよう」と考えるだろう。そういう生活をするにはキャリアも必要になるから、この会社でこんな勉強をしておこう、この資格を取ろうということにもなる。

なるべく遠いところにありたい姿を設定することで、今やるべきことが明確になってい

く。イチローが子どもの頃に「僕はメジャーリーガーになりたい」と目標を設定したように、遠くに旗を立てれば、日常の些細なことに対して慢性的な悩みはしなくなる。目先でいろいろなことが起きても、そのような目標があれば、それも一つの修行だと考えられるし、小さなことだと笑い飛ばせることもある。自分が大人になった今、小学生のときに悩んでいたことが、なんでもないことだったということは、たくさんあるだろう。それと同じである。

ここで一つ大事なことを伝えると、人は悩む生き物だが、自分の力ではどうにもならないことに囚われて、慢性的な悩みを抱えてはいけない。天変地異を除けば、変えられるのは「自分」と「未来」だけだ。

他人と過去は変えられない。それは「そんなものだ」と受け入れるしかない。だから、自分の力でどうにかできる「自分と未来を変えること」に焦点を当て、そこに力を集中して前に進んでいこう。

自分の10年後はなかなか見えないかもしれない。だが、「こうなりたい」となるべく遠くに旗を立てることをお勧めする。来年の誕生日に彼女に指輪を買ってあげたい。だから、1年かけて貯金しよう。それに1年後まで付き合っていないと駄目だから、彼女に優しくしよう。そんな具合に今やるべきことが明確になってくる。

結論を決めれば、あとはそこに進むだけだ。うまくいかないときもあるが、正しいプロセスを踏んでいけば、正しい結果は出る。正しい結果が出ていないのはプロセスに問題があるのだ。うまくいかないときは、結果だけにとらわれず、プロセスにフォーカスして見直すことだ。

人生についても、それと同じような考え方を持つと、今、この瞬間が輝くはずだ。

「下請け」でなく「ビジネスパートナー」と呼ぶ

私が社員に厳しく言っていることの一つは、業者さんを「下請け」と呼ばず、「ビジネスパートナー」と呼べということだ。元請けと下請けに差はない。対等な関係である。

社内でも、神輿《みこし》を担いでくれる部下がいるから、課長や部長、役員でいられるのと同じで、支えてくれる誰かがいるから会社が成り立っている。

私たちの仕事でも、職人さんが仕事をしてくれなければ家は建たない。私たちだけでは商品さえもつくれない。

当社の経営計画書では「ビジネスパートナーに対する基本方針」も定めている。

そこでも触れていることだが、ビジネスパートナーとは長期にわたり良好な関係を築くべきだと考えている。

そのためには、私たちが発注する仕事に携わりたいとビジネスパートナーに思ってもらえる企業になる必要がある。そして、長期的な視点でいい仕事をし合える関係にならなければいけない。

教育・勉強の7つの基本方針

私たちは高額商品を売る責任があるから、学び続けなければいけない。そのための教育・勉強の基本方針を経営計画書に示してある。それを紹介しよう。

(1)学び続ける組織

人生で最も高い買い物である住宅・不動産を取り扱う会社として、それに見合った知識とスキルが必要。高額商品を売る責任感があるなら学び続けることは当然である。

（2）誠実な人間への成長

一生で最も高い買い物をしていただくことと、商品特性上、一生のお付き合いをさせていただく仕事である。自己の利益を優先するような人間にはこの誇り高い仕事はできない。誠実な心を持ち、お客様のために親身になれる人間への成長が義務であり、礼儀である。

（3）努力すること

正しい方向に努力する。方向を間違っていればいくら時間を費やしても成果は得られない。それは時間の浪費と喪失感を生む。努力することは大事で、努力は美徳だと言う人もいるがそれは違う。努力することに満足してしまう人も少なくないが、努力自体は美徳ではない。いくら努力しても、方法を間違えていたら意味がない。結果が出て初めて、努力の過程が評価される。ボクサーにたとえれば、どれだけ強烈なパンチ力を持っていても、敵のいない方向へ振り回しても絶対に相手は倒れない。いくらパンチ力を鍛えても、パンチを出す方向を間違えていたら勝つことはできない。「努力とは、成果が出るように正しい方向に向き行動すること」である。

（4）教育ツール

社内において、座学で学ぶときに使うツールは経営計画書。体験で学ぶときに使うツールは環境整備活動を最優先とする。社外における自己啓発の基本は読書である。

（5）プロ集団の育成

医師は命を、弁護士は権利を守る。われわれ住宅不動産業は財産を守る誇り高き仕事である。無免許の医師や弁護士がいないように、この仕事に従事するからには専門資格の取得は義務とする。それがお客様への安心と信頼につながる。

（6）座学だけでなく、体験という学びを尊重

身をもって知ることが一番の学び。よって、知識の習得と同様に体験することを重要視する。また、その学びをみんなに教えるということが自らの向上につながる。

（7）人こそ差別化の要諦

商品の差別化以上に、人による差別化が会社の力である。人こそ会社の宝である。会社

とは突き詰めれば人の集まりである。よって、人の教育こそが会社を強くし、お客様に喜ばれる商品とサービスを提供できる基礎である。教育は厳しいと思われてもしっかりと行うことを社風とする。それが会社にも、お客様にも、そして何よりその個人にも、有益なものをもたらす。そして、会社は社員を「他社で飯が食える人材」となるように育てることを方針とし、その社員が「この会社で働き続けたい」と思われるような会社になることを目指す。

仕事は仮説と検証の繰り返し

仕事を進める上で、まず仮説を立てる必要がある。仮説の定義は、たぶんこれをやったらこうなるという「仮の答え」だ。

たとえば、「○○すればこの本はベストセラーになる」という仮の答えをつくる。それに向けて、ベストセラーになるための方法である「○○」の部分を考えて本を書く。結果、全く売れなかったとしたら、仮の答えが違っていたということ。この仮の答えと現実に起きたことの差異の中に、成長するためのヒントが隠れている。

仮説
検証
仮説
検証
仮説

仮説が当たらなかったら、結果に対してなぜそうなったのかを検証する。それまでにやってきたことを洗い直し、見直してみる。すると、いろいろな問題点が明らかになってくる。そして、次にまた、新たな仮の答えを想定する。「△△すれば、ベストセラーまでいかなくとも増刷はいける」と。

それまでに得た経験値を元に、「次はこういう風にやればよいのではないか」と仮の答えをつくり、また検証するという工程を、何度も何度も繰り返していくことでレベルアップしていくのだ。

それで、今度はベストセラーになったとする。ここでも、なぜそうなったのかを検証する。これも大事である。ベストセラーにならなかったときとの差が、そこに隠れているからだ。うまくいったときも、検証作業は必要である。これにより、次はさらに上の結果を狙えるのだ。

こうやったからこうなったと、仮説と検証を繰り返すこと。それが仕事である。

目標を立てるのも同じだ。目標自体が大事なのではなく、目標が達成できなかった場合も達成できた場合も検証を繰り返す。その差の中に何かが隠れている。仕事とはそれを見つけ出す作業に他ならない。

会社においては、この仮説の当たる確率の高い人が役職上位になる。

リーダーとは、仮説と検証を繰り返すことができ、その経験値から原理原則を導き出して、高い確率で仮説を現実にできる人だ。もちろん運の要素もあるが、それさえも引き寄せることができるように、正しく仮説と検証ができることは大切なことだ。これは仕事だけでなく、あなたの人生をより良くするためにも重要な思考方法となるだろう。

お金の使い方は人格を表し、信用に直結する

私が創業の頃から肝に銘じているのは、きちんとしたお金の使い方をするということだ。だから、創業時から会計はしっかり行ってきた。社員からも取引先からも世間からも後ろ指をさされない経営をするためには、誰が見ても問題のない会計を行うことが必要である。お金の使い方はその人（あるいは会社）の人格を表す。お金にルーズな人はその人自身もルーズな性格だ。お金で失敗する人は、失敗するだけの要因を自らの中に抱えている。そして、お金の使い方は信用に直結する。お金にだらしない人は絶対に信用されない。

経営者が会計などお金のことを公明正大にしておくことは社員のモチベーションにも影響を与える。社員は自分の努力した結果が数字として会社にどう反映しているかを知りた

い。それがオープンにされ、公正に見ることができれば当事者意識や会社への帰属意識は高まるだろう。

逆に、会計が不明朗だったり、頑張って成果を上げたのに社長が会社のお金で飲み歩いていたりしたら、社員の士気は確実に下がる。中小企業が失敗する一番の原因は、経営者が会社のお金と自分のお金を混同することだ。

取引先やビジネスパートナーへのお金の支払いもきっちりと行わなければならない。取り決めまでは厳しい交渉をするのはビジネスだから当然だ。だが、いざ払うときになったらごちゃごちゃ言わずに気持ちよく払う。

気持ちよくお金を払えば、相手も気持ちよく仕事をしてくれる。

ともかく、お金にだらしないのは最悪だ。公明正大にしておかないと、すべてのステークホルダーへ責任が果たせない。個人的にもお金にルーズな人は嫌われる。私は社員には公私ともに「お金の扱い方は大事だ」ということを繰り返し話している。

環境整備の目的は社員教育

当社では「環境整備」を重点戦略においている。環境整備こそが企業の繁栄の基礎だと考えているからだ。経営計画書でも環境整備の基本方針を定めている。

誤解している方も多いのではないかと思うが、環境整備は「掃除」とは全く違う。掃除は掃いたり拭いたりして、ゴミや汚れを取り去ることだ。これに対して、環境整備の大きな目的は社員教育にある。古くから伝わる企業の成功の原理原則を環境整備から学ぶ。

環境整備の言葉の定義は、「仕事のやりやすい環境を整え備えること」だ。この状態にするために、整理・整頓を徹底的に行う。

ここで整理・整頓の定義も確認しておこう。

「整理」とは、いるものといらないものを明確にし、いらないものを捨てることだ。

「整頓」とは、必要なものを必要なときにすぐ使える状態に保つことである。決められた場所に決められたとおりに置く。置く数や向きも明確に決めて、そのとおりにする。

整理ができないと整頓はできない。まずは整理が先だ。いらないものを捨てて、その残ったものを決められた場所に置くためである。日本語で「整理・整頓」と言い、「整頓・整理」とは言わないのはそのためだ。

当社では、社員は環境整備を毎朝行う。「今日はここだけ」と決めて徹底的に行う。あれもこれもせず、一点集中で行う。

すると、環境整備を行った場所はきれいになり、そうでない場所は汚いままだ。環境整備はその違いに気づく教育なのだ。違いに気づかないと、いい商品はできないし、お客様の気持ちもわからない。

仕事のやりやすい環境を整えることで、仕事の効率は上がる。そして、いるものといらないものを峻別し、いらないものを捨てる習慣と、必要なものをいつでも使える状態にしておく習慣を身につけることができれば、それはすなわち業務における戦略と戦術を考える基礎になる。戦略は整理に通じ、戦術は整頓に通じるからだ。

仕事というのは「捨てていく」ことである。会社もそうだが、いろいろなものを削ぎ落としていく。それはこういうことだ。当社は今、住宅不動産業をやっている。ということは、他の産業は捨てているわけである。そして、住宅の中でも豪華な家を捨てて、コンパクトな住宅に特化している。どんどん整理して捨てていく。その結果、残ったものを正しく並べて整頓する。つまり、絞り込んだものをどうすれば販売できるかを考え、手順を決めていく。

環境整備を行う過程は企業文化を構築することにつながる。社員のベクトルを合わせ、コミュニケーション量を増やし、気づくことのできる人間になる。そこから社員がレベルアップし、会社の業績を向上させることになる。

環境整備を開始するときには、まず目に見えるものから始めることが鉄則だ。目に見えることも正せないようでは、心を磨くことなどできないからだ。

これは、社員教育や子どもの躾でも同じことが言える。親がうるさく「気づく人になりなさい」「優しい心を持ちなさい」などと目に見えないことや精神論を語ってもすぐにはできない。まずは「靴を揃える」や「姿勢を正しくする」といった目に見えることから教育を始める。それが近道なのだ。

当社の社員は、毎日の環境整備を通して、自分の足元のゴミに気づき、それを自然と拾える人になっているはずだ。そして、それを繰り返すうちに人として立派に成長していく。こういう文化が企業を強くする。

環境整備は仕事と教育の原点となる最重要事項だ。

週休5日制を目指したい

私が今、当社で目指しているのは「週休5日制」である。ただし、これは連日5日休むということではない。

一日の中で、仕事やデート、奥さんや子どもとの時間、親孝行の時間などを同列に考え、各人がスケジューリングするのである。

たとえば、会社で10時から11時まで会議があるとする。その場合、必ずしも朝8時とか9時に出社しなくてもかまわない。10時前に出社し、会議が終わったらいったん帰宅して、家族に食事をつくってランチを楽しむ。13時すぎに再び出社し、13時半から15時までお客様との打ち合わせをする。16時になったら、保育園に子どもを迎えに行き、そのまま自宅で家族と夕食。19時からジムに行って、20~21時まで事務作業をして一日が終わる。

極端に言えば、こういうイメージである。一日をパーツパーツに分けて、自分でスケジューリングしていける会社になったらいいと思う。すると、おそらく感覚的には週休5日制のような感じになるだろう。会社に無駄に拘束される時間が少なくなり、自分の使いたいように時間が使えるようになるためである。

毎日が仕事で、毎日が休み。そんな感覚だ。ここまでできるには、かなりの能力が必要かもしれないが、もしこれができればとても楽だと思う。仕事とプライベートをきっちり切り分けてしまうから、毎日残業しなければならなくなったり、ブラック企業がどうという話になったりする。

この感覚的週休5日制が正しいかどうかはともかく、こういう働き方を受け入れることのできる人が集まる会社になればいいと思う。

これからの時代、AIが発達してきて、簡単な作業はすべて機械が行うようになる。当社はすでにそうなりつつある。単純作業は減り、社員も少数精鋭になっていく。人間が行うのは、頭を使う仕事、問題発見、仕組みの構築、心温まるサービスなどになっていく。

つまり、人間は仕事のコアの部分だけをやるようになる。そうなれば、仕事の時間は圧倒的に減るだろう。

昼間、眠かったら寝ればいい。2〜3時間昼寝をしてもいいと思う。ただし、そうするには社員のスキルとマインドが高くなければいけないし、自己管理能力のあることが前提になる。プロ意識を持って、自分の仕事に誇りを持ち、時間ではなく成果に対して報酬をもらっているという感覚があればそれができると思う。

カジュアルDAYを導入している理由

当社では「カジュアルDAY」というものを設けている。2016年に導入した制度だ。毎週木曜日はビジネスカジュアルの服装で業務をする。スーツを着てはいけない。これを強制的にやらせている。

ただ、高額商品を売っているのでだらしない格好はできない。あまりにもカジュアルすぎては外部の人に不快感を与えるので、あくまでもビジネスカジュアルだ。ジャケット着用ができることなど最低限のルールはある。

このカジュアルDAYを導入したことには理由がある。ただ自由な服装をしたいからというわけではない。

スーツもこだわり始めると奥が深い。私もスーツは好きで、サイズや型に自分なりのこだわりを持っている。そして、スーツやネクタイで自己演出ができるように、着るものを毎日選んでいる。

だが、このスーツの枠組みだけでは学べないこともある。それを学ぶのがカジュアルDAYだ。

スーツは奥が深いがある意味で無難だ。着用するものが決まっているからだ。ファッション好きな人は別として、スーツだけを着ているとファッションに無頓着になっていく。ビジネスカジュアルスタイルを強制すれば、自分で服を選ばざるを得ない。コーディネートも必要だ。どれを組み合わせたら自分に似合うかということを考えるのは大事だ。それは服に限らず、何かと何かを組み合わせるという力をつける練習にもなる。

カジュアルDAYを導入したのには次のような目的がある。

①服装に重きを置き、自分の見た目を俯瞰的にとらえて、自分で自分をプロデュースする感性を磨く。
②流行や世の中のトレンドにアンテナが張れる感性を磨く。
③お客様をはじめとして外部から見て、センスの良いかっこいい会社だというイメージを浸透させる。
④自分たち自身がファッションを通してライフスタイルを楽しむ。
⑤これから入社してくる新人たちも、そういう感性を持った人に集まってほしいと考えている。

つまり、内部的には感性を磨くこと、外部的にはオシャレでかっこいいというイメージの会社になることを重視している。

お客様は、「オシャレ」「かっこいい」「かわいい」「素敵」という、感覚的な「なんかいい感じ」と思う住宅やライフスタイルを望んでいる。したがって、それを提案する側の私たち自身がそうでなくては意味がない。自分たちがそうなっていないと、そういう提案などできないというのが私の考えだ。

お客様は私たちの会社のロゴや広告など目に入る宣伝物や、商品そのものである住宅、そして実際に接する社員一人ひとりを見ている。そして、その総和でプラザセレクトという会社のイメージを感覚的に創り上げる。

理論的に考えることも大事だが、感性に訴えることも大切だ。その感性部分をもっともっと磨くことで会社はさらに輝くはずだ。

理論と感性の両立によって、社員がもっとイキイキと働けるようになる。そういう社員が接することでお客様の「にこっ」が増えるだろう。

私は、この制度を通して社員の感度を上げていき、私たちが提案する商品やサービスの質をさらに上げていきたいと考えている。

完璧な人はいない、完璧な会社もない

完璧な人間などいない。だが、人は人につい完璧を求める。

社長だから、部長だから、先輩だから、親だから、夫だから、妻だから、男だから、女だから……。数々の「だから」により、人は他人に対して自分に都合のいい理想を強いてしまう。自分のことを棚に上げて、人には立派であることを望んでしまう。

他人に完璧を求めるのは、単に自分にとって理想的な人であってほしいという自己中心的な考え方なのではないかと思う。

私がよく言うのは、人を見るときは「丸く見ろ」ということだ。一人の人間を見る場合、人によって見え方が違う。

ある方向から見ると長方形に見えるものでも、別の角度から見れば立方体に見えるかもしれない。また別の方向から見れば円に見えることもあるだろう。同じものを見ていても、人によって、あるいは見る位置によって見え方は違う。

自分に見えている世界がすべてではないということを知っておく必要がある。ある人が、あなたにはいい人だと見えても、他の人には悪い人だと見えているかもしれない。

そして、会社も同じだ。すべてに完璧な会社など存在しない。「こんな会社はダメだ」と思っている人もいれば、「素晴らしい会社だ」と思う人もいるだろう。だが、それは見る角度によって違うのだ。物事はすべて多面的に見なければいけない。

人も会社もそういうものだ。自分も他人からそうやって見られている。だが、私という実態は変わっていない。

完璧な人も、完璧な会社もないということを前提に、その存在を認め合うことが大事だ。人間関係も、会社同士の関係も同じだと思う。

悪い変化もいい変化も少しずつ起こっていく

会社の倒産というものを経験してわかったことがある。

会社はある日突然、破綻するわけではない。少しずつ少しずつおかしくなっていくのだ。歪みは毎日少しずつ生じる。だが、その歯車の狂いに、内部にいる人はなかなか気づかない。1%歪んでも気づかない。何か月か経って「あれ？　おかしいぞ」ということになる。そして、気づいた頃には時すでに遅し。もはや取り返しのつかないことになっている。だから、日々決められたことを決められたとおりに、言行一致でやっていくことが大切だ。環境整備もそういうことである。

逆に、歪みというマイナスの変化ではなく、プラスの変化も少しずつしか起こらない。だから、何か大きなことを成し遂げようと思ったら、小さいことを積み重ねていくしかない。いきなり大きなことはできない。微差、僅差を積み重ねていった結果、それが大きなものになる。

社員教育も同じだ。当社では社員教育の一環として、ブログに読書レポートを書かせているることは紹介した。社員は面倒くさいと思いながら本を読んでいるかもしれないが、強制的にやらせているからだ。本を読むことは自己啓発の基本だと考えているからだ。

たとえば、20歳から30歳までの10年間に毎月1冊の本を読んだとする。10年で120冊になる。毎月2冊読んだら、10年で240冊だ。本を読まなかった人にとって、この差を埋めることはできない。2、3か月程度では気づかないが、10年経つと読書で得た知識の差は膨大なものになっている。そこから同じペースで読書を始めたとしても、絶対に追いつくことはできない。

小さいことのできない人に大きなことはできない。小さいことをバカにする人は何事もなしえない。私は小さいことを重要視する。たまに「そんな小さなことを……」という人もいる。しかし私は、「『そんな小さなことさえ』できない人間に、できることなどない」と思うのだ。

小さなことを積み重ねる。それが結局、目標までの最短距離だということに気づいてほしいと思う。

社員満足は社長の仕事、顧客満足は社員の仕事

企業の経営者の多くは顧客満足（Customer Satisfaction：ＣＳ）を追求していると思う。経営理念に顧客満足を掲げる会社も多い。

しかし、実際にそれができている企業がどれだけあるだろう。

私もかつて顧客満足を最優先に追求する会社に勤めていた。だが、そこで何か疑問を感じてしまった。顧客満足を追求するあまり、疲弊してしまっている社員もいたからだ。

私は顧客満足よりも社員満足・従業員満足（（Employee Satisfaction：ＥＳ）を上げるのが先ではないかと考えている。

社員に物心両面の余裕がなければ顧客満足など考えられない。自分が空腹なのに他人にパンをあげられる人はなかなかいない。心身の余裕なしに、他人に心を配ることなどできない。自分が豊かになったからこそ相手を思うことができるのだ。だから、社員満足を上げることで顧客満足が上がる。

これからはＥＳの時代だと言われる。会社がことさらＣＳだけを訴えても、社員の心には響かない。社員満足を徹底することが社員のモチベーションを上げていい仕事をしても

らうポイントである。

役割として、顧客満足を直接的に実践・提供するのは経営者ではない。現場にいる社員だ。だからこそ経営者の重要な仕事は社員満足を上げることである。

まずは社長が社員満足を上げる。社員のことを見てあげる。そうすることで、社員たちはお客様に対して心を配ることができるようになり、顧客満足を提供することができる。こうすることでいい循環が生まれるのだ。

私はプラザセレクトを社員に長く働いてもらえる会社にしたい。社員には会社に愛着を持ってもらいたい。「自分の会社」だと思ってほしい。だから、お客様はもちろん、社員の物心両面の豊かさを追求する。

社長の仕事は早く決定すること

社長の仕事は「決定」であり、社員の仕事は「実行」である。これが会社内での大枠の役割だ。

一つの真実として、社長が決定を間違えると社員はつらい。だから、高い確度で、より良い決定を行わなければならない。その責任を持つことが社長の役割だと心得ている。

そして、決定も実行も、どちらも「早く」行うことが重要だ。「できるかできないか」の議論より、「やるかやらないか」の決定を優先し、「早く」することが正しい。この場合の「早く」の意味はスピードではなく、早く始めるということだ。初動を早くすることがすべての業務を円滑に回す重要事項である。

決定とは何かを選ぶことと思っているかもしれないが、時には「保留」という決定をすることも大事だ。何かやりたいこと、やるべきことがあっても、さまざまな事情から先延ばしになっていることは多々ある。「あれやってないな。早くやらなければ」と心に引っかかっている。それは徐々に大きな負担になっていく。

そんなときは、とりあえず「保留する」という決定をする。ただ大事なことは、「保留」を決定した場合は期限を設けることだ。すると、その日まではそのことは考えなくてよくなるので精神的な負担が減る。これは一つのテクニックだ。放置した後で、また考えればいいのである。そのときには事態が変わっているかもしれないし、決定材料が増えていて何か別の判断ができるかもしれない。

いずれにしても決定を早くすることだ。

これは仕事ばかりではなく、個人の人生にも当てはまる。人生の目標を見つけるのも早いほうがいい。早く決めて、早くやれば、早く失敗するからだ。それによって差異に早く気づくことができ、その差異を次に生かせる。

早く始めることはすべてにおいて重要である。それだけ成長速度も経験値も増え、やり直しをする時間を多く確保できるからだ。

自社のこだわりよりも、お客様目線で物事を見る

「自社のこだわり」を優先する企業も少なくない。だが私は、それは全く意味のないことだと考えている。

少なくとも、商売というのは人々の生活の上に成り立っている。誰かの生活を豊かにするために商売がある。当然、主役はお客様である。

商売は単純だ。多くの人が欲しいと思う商品は売れ、そう思わない商品は売れない。企業の「こだわり」など関係ないし、入り込む余地もない。みんなが「要らない」と思っている商品にこだわっていては、商売など成り立たないのだ。

だから、商品や接客はもちろん、広告などもお客様目線で考えなければならない。

お客様が紙媒体の広告を見ていないのなら、その広告をやめればいい。「ホームページを見て来ました」というお客様が多ければ、ホームページを充実させればいい。「スマホとパソコンのどちらを見ることが多いですか」と聞いて、スマホだというお客様が多ければ、スマホ用のサイトを充実させる。

すべては、お客様からどう見えているかが重要である。

数字は比較して初めて意味のあるものになる

ビジネスとは数字に始まり、数字で終わるものだ。数字のないビジネスは成り立たない。数字が嫌いとか、お金の計算が苦手だと言っていては仕事などできない。

商売において、売上、客数など注目すべき数字は多々ある。ただし、数字を単体で見ても大した情報は得られない。重要なのは、「変化」を見ることである。数字は比較して初めて意味のあるものになる。

変化や違いに気づくことは大切だ。そのために数字を並べて見る。去年と今年の同月比はどうか？　先月と今月ではどう変化したか？　そういった傾向を見ないと、変化はわからない。

数字が変化した裏側には必ず何らかの意味が隠れている。それを分析し、改善や強化につなげていくのだ。

そして、数字を比較するときは基準を変えないことが重要だ。徳島県のお客様の数とアメリカでの数を比べても何の意味もない。基準が同じでなければ比較はできない。

徳島という地域で去年の11月と今年の11月の差はどうか？　そこに注目して比較しなければ変化に気づくことはできない。

仕事は指示・命令と報告だけで成り立っている

仕事における大事な基本は「ほうれんそう」（報告、連絡、相談）である。

「報告」とは、発生した事実に対して自分の意見を加えて伝えることだ。したがって、他の人が報告しているだろうと思っていても、報告する必要がある。人によって見解が違うので、「他の人が伝えているからいいだろう」で終わらせないことが重要である。

「連絡」は、事実をありのままに伝えることだ。考える必要のない分、スピーディに行う必要がある。

「相談」とは、報告・連絡の内容について、上司や関係者と「いつ」「誰が」「どのように」対応するかを決定するための話し合いをすることである。

これらは誰にでもできることだ。新入社員だろうと、ベテランだろうと、正社員でもパートでも誰だってできる。だが、日常の仕事を振り返ると、この基本ができていない人はけっこう多い。

私自身も気をつけなければならないと思っている。少しでも油断すると、すぐに「できていない側」になってしまう。

「ほうれんそう」ができるだけで、会社や社員の信用度や信頼度は大きく上がる。報告、連絡、相談をされる側からすれば安心感が増す。「ほうれんそう」がきちんとできる相手に対して「しっかりしている人だな」という印象を持った経験は誰にでもあるはずだ。

そして、「ほうれんそう」が「早い」とさらに好印象を与える。必ずしも最終結果でなくても、中間報告でいいのだ。

誰にでもできることを、誰にもできないくらいにできる人が素晴らしいと思う。

そして、極論すると、仕事というのは人間関係を抜きにすると、指示・命令と報告だけで成り立っていると言ってもいい。

「あれをやれ」「やりました」。仕事は結局、これだけのことである。「あれをやれ」がなければ仕事はスタートしない。だから、社長や決定権者は決定を早くして、正しく指示を出さないといけない。

やった側にとっては「やりました」という報告を行うまでが仕事だ。報告がなければ「まだやっていない」と見なされる。

いずれにしても、正しい命令と正しい指示を出し、受けた側はすぐにそれを実行し報告する。これをしっかり行えば仕事はスムーズに回っていく。

会社経営で重要なのは「雇用」と「納税」

そもそも会社経営で最も重要なことは何だろう？　売上を伸ばして利益を上げること？　当然だ。お客様満足や社員教育？　それも重要だ。

だが、もっと大切なことがあると私は考えている。

それは「雇用」と「納税」である。もちろんこの2つは利益が上がらなければできないことだ。

「雇用」と「納税」の2つは大きな社会貢献である。これは会社経営者の最低限の義務であり、この2つを増やすことが企業の使命でもある。

働く場をつくることで経済は回るし、その人たちが生きがいを持って働けるようにすることはきわめて大切だ。雇用ができないというのは企業にとって問題である。

そして、社員の働きによって事業が成長し、お客様に喜んでいただくことで利益を上げて納税する。それで社会が豊かになる。この循環を繰り返し、会社を大きくしていくことが重要だ。

そして、会社経営においては「雇用」と「納税」の2つができていれば、それ以外のことは必然的に回っていくものだと思う。

要は、絶対に会社をつぶしてはいけないということだ。社会に貢献するだけの利益を出すことは、重大な使命である。

第4章

信念を持った社員教育は個人の人生を輝かせる

出社することでなく成果を出すことが仕事である

会社員の方の多くは、会社に出社すれば給料がもらえると思っているかもしれない。だが、それは違う。「成果を出すこと」が仕事である。ここを間違えてはいけない。

これからの時代、テレワークや在宅勤務も増えていくだろう。会社に出社することは必ずしも必要なくなる。だから、「成果」がより重要になってくる。

成果というのは、直接的に利益を上げるということばかりではない。社員の働きやすい環境づくりをすることも成果の一つだ。会社の空気を良くする、あいつがいるから盛り上がるなど、そういう存在になることも会社への重要な貢献である。

自分のポジションで、自分のできることで、会社から良かったと思ってもらえることが大事だ。何時までそこに座っていればいいというわけではない。

成果とは、会社の何かを変化させることと言い換えてもいいかもしれない。社内の雰囲気が変わった、楽しい人脈が増えた、飲み会が楽しくなった。それが、その組織にとって必要だと思われていることなら何でもいい。

成果はお金を儲けることばかりではないが、会社にこうした貢献をすることで結果的には数字につながっていくのである。

会いたい人にはなんとしても会いに行く

前述したが、現在プラザセレクトのアートディレクターを務めてくれている人との出会いは、人に紹介され、私自身が他県まで会いに行ったことだった。

私は社交的なほうではないし、どちらかと言えば出不精だ。だが、「会いたい人にはなんとしても会いに行こう」というマインドを持っているように思う。

そうたびたびあることではないが、「この人は」という直感的に気になる相手には遠方であっても会いにいくようにしている。そして、会って話すと、必ず何か感じるものがある。

私の場合、こういう心がけで人脈を広げていくことで、会社がどんどん軌道に乗っていった。その繰り返しで、いつの間にか外部のパートナーも増えていった。

あなたにもぜひお勧めする。

気になった人には、すぐに会いに行こう。そうしなければ後悔することになる。人間、いつ死んでしまうかもわからない。そして、相手もよほど忙しい人でなければ、会いに来てくれたことを喜んでくれるはずだ。

仕事というものだけでなく、人同士の絆はこうやって広がっていく。

今ここにあるものに目を向けよう

人はどうしても、「あれがないから」「これがないから」と今持っていないものに目を向けてしまう。そして、「あれがあればいけるのに」「これがあればなんとかなるのに」と願望をふくらませる。そして、それをできないことの言い訳にする。

私たちはこれを排除する考え方を持とうとしている。

当社を創業した頃のことを思い出すと笑ってしまうようなことがたくさんあった。なにしろ、ホッチキスもないし、ハサミもない。ないものを挙げていったらキリがないほどだった。

だが、志のある仲間がいてくれた。

ないものねだりをしても仕方がない。今あるものに目を向ければいいのだ。

当社の経営計画書に社員の価値観ベースとして明記していることの一つに、「ないものねだりをしない。今ここにあるものに目を向ける」ということがある。

商品やサービスをつくる場合も同じことが言える。

今あるものを組み合わせたり、使い方を工夫したり、やり方を変えてみたりする。そうすることによって必要なものを手に入れる。アイデアによって、「ないもの」に代わる何かを生み出せばいいのだ。

ないものを嘆いても現実は何も変わらない。ないものはないのだ。現状を打破するために必要な考え方だと思う。

少し視点を変えて、あるものに目を向ける。すると、周りには価値あるものが無数に存在していることにも気づくだろう。それらを駆使して戦えばいい。たくさんの価値が周りには眠っている。それを見定めることができるかどうかは、前向きな心と前に進もうとする強い意志の差である。

たとえば、スマホもそうだが、いろいろな機能を組み合わせて新しいものが生まれている。これからの世の中は画期的なものはなかなか生まれにくい。組み合わせる力が重要であり、今あるものに目を向けることが大事だ。

行き詰まったら、まずは今自分の前にある「もの」や「こと」をうまく並べ替えたり、組み合わせたりしてみよう。新しいものをゼロから生み出すことは難しいと思われがちだが、実はゼロから生み出されているものなど、ほとんどない。何かと何かの組み合わせであることのほうが多いのである。だから、まずは組み合わせる力を身につけよう。そこに価値が生まれる。

小さな会社でも大企業のように振る舞う

中小企業や業歴の短い会社の場合、なにかと「まだ小さな会社だから仕方がない」という考え方をする経営者もいるかもしれない。だが、私にはそういう発想は最初からなかった。

今も小さいが、起業したときははるかに小さい会社だった。だが、いずれ社会に認めてもらえる立派な会社にするという目標があった。

創業時から、経営理念を定め、自らの志を立て、それに共感してくれる仲間を集め、社会に役立つ一大グループを築こうという明確な意志を持っていた。だから、「今はまだ小さいから仕方がない」ということは口が裂けても言うなと創業時から社員に言っていた。

遠いところにあるゴールに旗を立て、すべてのステークホルダーが誇れるような大きな会社に成長していこうと決めた。だから最初からそういう企業になったときの意識でいることを社員に求めた。

よく、役職や立場が人を育てるという。会社もそれと同じだ。まず形から入る。

だから私は、最初から次のように考えて仕事をしてきた。

小さいときから大企業のように仕事をしろ！

小さいときから大企業のように振る舞え！

小さいときから大企業のように仕組みをつくれ！

誰が見ても胸を張って誇れる経営をする！

たとえば、創業時から財務経理も普通の中小企業と違って最初から月次で決算していた。大企業のように仕事をするというのは一例を挙げるとそういうことだ。

そして、プラザセレクトという名前はまだ知られていないかもしれないが、その看板を背負っているのだから誇りを持って仕事をしようと社員には伝えてきた。

そういう下地があったからこそ、実際に成長軌道に乗ることができたのだと考えている。

都合のいいことを引き合いに出して、できない理由を並べてはいけない。それでは何もなしえない。理想が現実になるように、できる方法を考えるのだ。それは会社も個人も同じである。

悩みがあるのはいいことだ

私はサラリーマン時代から経営者となった今に至るまで、多くの部下と接してきた。延べ人数100人は超えていると思う。そこで思ったのは、大小合わせて多くの人がいろいろな悩みを抱えているなということだ。これまでたくさんの悩みの相談を受けた。

そんな経験からたどり着いた結論は、「悩みがあるのはいいことだ」ということである。

悩みというのは、「今、何かが満ち足りていない」「何かが違う」「失敗してしまった」など、「今の自分は理想やあるべき姿と違うのではないか?」という感情からわき起こるものだと思う。

ということは、「こうありたい」という理想がその人の中に存在するということだ。これは人として素晴らしいことだと思う。

そもそも、世の中は自分の思うようにいかないことがほとんどである。まずは現実の自分を受け入れることが大事だ。変に高いプライドを持ったり、自分を大きく見せようとしたりすると、悩みはますます深くなるだろう。

ここで問題なのは、その悩みによって自分を見失ってしまうことではないか。その悩みが永遠に続くような錯覚に陥り、お先真っ暗という感情が芽生える。そして、俺はダメな奴だと自分を責め、周りの人は自分を悪く思っているのではないかと疑心暗鬼になる。そういう負のスパイラルに入ってしまうのは良くない。

そもそも、悩むこと自体は悪いことではない。むしろいいことだととらえたほうが精神的に健全だ。

悩むのは、理想と今の現実のギャップが大きい気がして、つい後ろ向きになってしまうだけのことだ。ギャップが大きくても、壁が高そうでも、理想があればそこへ向かうことができる。残念ながら、結果的にそこへたどり着くことができないこともあるかもしれないが、そこへ向かおうとする行為は意志さえあれば誰にでもできる。

その過程でいろんなことが起きたり、いろんな感情がわき起こったりしてくる。泣いたり笑ったり、出会ったり別れたりを繰り返す。それが人生。そういう人生を楽しめばいい。そのプロセスの中で人間的な成長を遂げて、いつか来た道を振り返ったときに笑える人生でありたい。

悩んでいることはもうすでに起きてしまっている。どれだけ悩んでも現実は変わらない。過去を変えることはできないのだ。だが、それが次につながるステップだと思えば、悩んでいる時間も有意義だ。この世に起きていることは、すべてただの現象であって、その現象を見たり感じたりしたときに、人が勝手にいろいろな解釈をしているにすぎない。すべては自分の解釈次第なのだ。あらゆる現象が起きる毎日の中で、前向きな解釈をする思考習慣が自分の人生をいい方向に変えてくれる。

私は何かに悩むと、そんな風に考えるようにしている。

「感じが良い」は最低限のサービスだ

ある飲食店にて——。

「お決まりになったらボタンを押してお呼びください」と従業員。どちらを向いて話しているのかわからない。目も合わせない。紋切り型にマニュアルどおりのセリフをぼそぼそと喋っているだけ。もう次はここで食事をするのはやめようと思う。

別の飲食店にて——。

「あ、三谷さん。いつもありがとうございます。どうぞこちらへ。前と同じ席でいいですか？　今日は◯◯が美味しいですよ。ぜひ食べてみてください」と大将。

数回予約して行った店で、今回は突然行ったのに、顔を見た瞬間に名前を呼んでくれた。完全に覚えてくれている様子。単純に嬉しい。また来たいと思う。


「あの人は感じが良い」。業界業種を問わず、お客様にそう思ってもらうことは最低限のサービスであり、マナーだと思う。

笑顔、顔を見て話す、はきはき喋る、プロの提案をする、名前を覚えている、こちらに興味を持ってくれている、感謝の気持ちを口にする、姿勢が良い、気遣いとタイミング……毎日の生活の中に、ビジネスにも参考になるサービスがたくさんある。

私たちがお客様に対してどれだけできているのか？　自分だったらどうしてほしいのか？　消費者として買う側から売る側になったときに最高のサービスを提供できるように振り返りを行うことが大事だと思う。

これだけ経済活動が成熟した今の日本において、大抵の商品は一定レベルに達していて、ほとんど差はない。そうなると、差別化できるのは「人」でしかない。

だから、ちょっとした一言を伝えられるとか、社員の感性を育てることが大事になる。

「感じが良い」——これは、なくてはならない最低限のサービスであり、それを突き詰めると最高のサービスになるのだ。

「いい会社」という実体があるわけではない

よく、会社で嫌なことがあったり、思うようにいかないことがあったりすると、「会社が悪い」という言い方をする。多くの人が、会社のことをまるで人格を持った一個の人間のように言う。

だが、ここで矛先を向けている「会社」というのは一体何なのだろう？
考えてみると、「会社」というのは実体のない概念上の存在だ。実は、会社というのは個々人の集合体の総称にすぎない。

所属する一人ひとりが、会社を形づくる一つのパーツで、私もあなたも「会社」なのである。だから、会社に文句を言っているということは、自分を悪く言っているのと同じなのだ。どれも大事な自分の体の一部なのに、「自分の腕が気にいらない」「自分の足が気にいらない」と言っているようなものだ。

そしてその会社を選んだのは、他ならぬ「自分自身」であることも忘れてはいけない。そこの一員になろうと決めたのは自分だ。無理やり連れて来られて働かされているわけではないだろう。

だから「いい会社」というのは言い換えれば「いい社員のいる会社」のことである。自分たちで良くしていかなければならない。その会社と共に生きようと決めたのは自分自身なのだから、それは自己責任であり、自分のことだと思うべきなのだ。それができないのであれば離れるべきだろう。自分に合うところを探すか、それだけ望む理想の会社像を描けているのならば自分で創ればよい。

ただ、いい社員の集合体であるいわゆるいい会社であっても、たまたま配属された部署の上司とウマが合わず最悪だったということはあるだろう。そこは相性もあるし運もある。そういう場合、そこがすべての世界ではないと考えられるかどうかが重要だ。小さい頃、学校のクラスが世界のすべてだったように、そのクラス以外に自分の生きる世界がないと思い込んで視野が狭くなってしまうと、追い詰められてしまう。

嫌な上司がいたとしても、それは小さいことで、もっと広い世界があると考えられれば今は我慢できるだろう。それに、職場ならば放っておいてもいつか離れる。どうしても嫌なら、なんとか異動できるように努力する。何かしらの対策はあるはずだ。そういう考え方を育むことが大事だと思う。

個性を認め合い、尊重し、活かす

私が会社を経営する中で、最も重視しているのは理念である。しかし、当社の理念が間違いのない正義だと言っているわけではない。

この世には無数の正義がある。この場合、当社としての価値観、考え方として「わが社はこういう理念でいく」と固く決めているということだ。それが決まっている限り、組織としての判断は、その価値観を最優先しなければならない。

会社は理念に合う人を集めることが最も大事である。だが、その範囲の中で社員の「個性」は認め合い、尊重し、活かしていくことが必要だ。

人間にはみな個性がある。同じ哺乳類で同じ種族、同じ性別、同じ時代に生きていてもそれぞれが違う。そして、自分とは違う価値観や考え方の人を受け入れることは社会生活を送る上で欠かせない。

だが、組織や集団には、「普通と違う」「異端」「思想が違う」といった人たちを排除してしまう傾向がある。それらが社会生活上、誰かの迷惑になったり法を犯したりするならば問題視する必要があるが、日常生活レベルの「違い」であればそれぞれが「お互いさま」の気持ちで受け入れることが大切だ。

しかし、こう言っている私自身は心が狭く、以前は価値観の違いを受け入れられないタイプの人間だった。本当のことを言うと、いまだに受け入れられないところもあるのだが、それでも昔よりはだいぶましになったと思う。それは、ある手法を実践しているからだ。

私は、自分と価値観の違う人と接触したら、こう考えるようにしている。

「すげーな！　なんだそりゃ！」と。

自分にないものがそこにあるのだから、まず「すごい」と思うことにしているのだ。単純な思考である。

そして、その人と話す機会を得たらこう質問する。

「なんでそんなことするの？」
「なんでそうなった？」
「どんな気分でやってるの？」

ただの好奇心による質問だが、これで会話は弾む。自分に興味を持ってくれた人に対して好感を持たない人はいないからだ。

そして、その人の話を聞いて興味がわいてきたら、それについて自分もプラスの影響を受けて真似てみる。聞いてみて全くピンとこなければ、根本的に自分には向いていないとさっぱりと諦める。そして、その人に対して「すごい人もいるものだな」と感心する。

こんなゆるい感じで違う価値観を受け入れるようにしている。ゆるい感じ、というのが重要だ。構えると固くなって、違うものを受け入れる余裕はなくなるからだ。

しかし、どうしても無理だというときは、潔く距離をとるしかない。イライラしたり喧嘩になったりするほうがよくないからだ。だが、できる限りその許容を広げる努力は必要だと思う。

個性を認めると同時に、仕事内容も多様化していくので、いろいろな人の仕事のやり方や考え方を認めていくことも大切だと思う。

どこに向かって仕事をしているか考える

あなたはどこに向かって仕事をしているだろうか？

言うまでもない。ビジネスの世界では「お客様」である。そこを間違えてはいけない。

私は社員に対して「どこを向いて仕事をしているのか！」と叱ることがある。とくに、上司の顔色をうかがい、自分をよく見せるために、お客様のための仕事ではなく、自分を取り繕う仕事をしたときは烈火のごとく怒る。

給料は会社（経営者）からもらっているのではない。お客様からいただいているのである。これが真実だ。

会社というものは市場から認められ、お客様に商品やサービスを買っていただいて利益が上がる。その利益の中から、私たちはそれぞれの立場や職種、階級、貢献度などに合わせて給料という形でお金をいただいている。

私は以前から、「給料の額は、社会、お客様、組織が自分を評価し、自分が提供した価値に対しての評価点として額が決定され、お金という形で支払われているだけ」と考えてきた。

だから、サラリーマン時代から評価に対して文句を言ったことはない。年収が増えたのは認められたことだし、減ったなら去年よりダメだっただけのこと。

仕事をする目的はお金儲けではない。お金は自分がやった仕事に対して後からついてくるものだ。これは会社にも個人にも言えることだろう。

そして、評価は他人がするものだ。自分が頑張ったとか努力したかどうかなどは、私たちプロには関係ない。それは最低限の義務だ。私たちの価値は自分以外のすべての人による評価で決まる。それがプロというものだ。自己満足のアマチュアとは違う。

私たちはプロだからこそお金をいただいている。そして、そのお金は会社からではなく、お客様からいただいている。

プロだから一生学ぶことが義務である。そして、結果に責任を持ち、自己満足に陥ることなく、他者に評価される仕事をしなければならない。

毎月25日の給料日。あなたは胸を張ってその給料を受け取っているだろうか？

胸を張って堂々と受け取るために、お客様への感謝と自身のプロ意識を高めよう。

思い込みを捨て、本質を探る

会社で長く働いていると、商品やサービス、業務などについて「これはこういうものなのだ」という思い込みが生まれてきがちだ。どうしても、近視眼的な思考になってしまう。人間というのはそういうものなのかもしれない。

だが、こうした「思い込み」は企業の成長を阻害する大きな原因になることが少なくない。

そこで大事なのは、「常に本質を探る」という姿勢ではないかと思う。物事に奥深く入り込んで周りが見えなくなってしまう前に、どんどん引いて離れてみて俯瞰してみよう。近づきすぎて見えなかったものが見えるようになるだろう。他の人が見たらどう見えているだろうと「自分で自分を客観的に見つめる」のだ。

そして、「自分の思い込みを捨てる」ということが必要になる。私たちには自分の思い込みで行っていることがたくさんある。思い込んでいるわけだから、それが変だとは自分では絶対に思わない。だが、それが正しい方法だとは限らないのだ。

そこで、物事を自分が見えている方向の真正面からだけでなく、いろいろな角度、違う方向から見てみる。常に、そうするような習慣をつけるのだ。

そして、わからないときは自分一人で考えない。自分だけであれこれ考えても、思い込みから脱することはできない。知っている人やその道のプロに素直に聞いてみることをお勧めする。きっと、思ってもみなかった視点に気づかされるはずだ。企業やその周辺にはさまざまなプロフェッショナルがいる。「会社の人脈はすべて自分のもの」という認識で活用しよう。

そして、物事の「そもそも」に触れることも大切だ。

そもそも、これは必要なのか？

そもそも、何を目指していたのか？

そもそも、この原因は何なのか？

そうやって考えてみると、身の回りにはそもそもなくてもいいものがたくさんあふれていることがわかる。それを見つけることは大事だ。

住宅であれば、ここに窓は必要か？　電気はいるのか？　クローゼットのドアはいらないのでは？　とそうやって見直してみると、商品が研ぎ澄まされていく。

物事の原点、出発点に立ち戻ることで、それまで当たり前だと思っていたことが、実は自分の誤った思い込みであることに気づくことができる。

私はこれを「極論を考える」と言っている。少しだけ変えてみても、それが本当に必要なのかどうかはわからない。

スポーツでもそうだ。私の場合、たとえばバッティング・フォームを直せと言われても、微調整ではどう変えればいいのかがわからない。だから、「足をもっと開け」と言われたら、極端に思い切り開いてみる。すると、それでは立てないことがわかる。そこから少しずつスタンスを狭くしていく。すると、ちょうどいいところがわかる。バスケットボールのシュートも同じだ。あえて打ちにくいフォームを試す。そこから微調整していったほうがわかりやすい。

このように、極論を考えるという方法はベストな地点にたどり着く近道ではないかと思う。

「我々らしさ」を見失わないように

事業を展開することにおいて、その方向性を明確に定めることはきわめて重要だ。だから、私は経営理念を最も大事にしている。事業の選択や拡大を行う場合でも、まず経営理念が優先する。当社の商品はこうだと明確化している。その軸は絶対にぶれてはいけない。

「市場はこうだから」とか「競合他社がこうしているから」ということには振り回されない。それが根本的に社会から否定されたり、そんなものはいらないと言われたりしない限り、当社ではその軸を大事にする。中途半端な商品やサービスをつくることが最もよくない。

経営計画書にも記してあるが、私たちは「らしさ」を見失わないように事業を展開していく。

私たちの「らしさ」とは、物心両面でシンプルに創り出された肩肘を張らない心地よいサービスと商品だ。そして、それを普及させることで「にこっ」としてしまう何かを提供することである。

さらに、「モノではなくコト」を売ること。商品そのものではなく、それを通して得ることができる明確な目的をはっきりさせた販売を行い、お客様に心理的な充足を提供するよう心がけている。

「らしさ」を見失わない事業を展開するには、もちろん社員全員が自分たちらしさを正しく理解していなければならない。そのために必要なのが理念の浸透だ。だから、私は事あるごとに社員に対して理念を繰り返し語る。永遠に語り続ける。

チャンスが来たときにつかめるよう準備する

チャンスをつかむ人は、たくさんの中のごく限られた人だ。成功を手にする人は選ばれた人だ。成功する人は才能ある人で、自分と成功者は別物だ。そんな風に考える人が少なくない。

だが、私はそのようなことは決してないと断言できる。

チャンスは誰にでも訪れる。ただし、チャンスが来たときにつかめるように準備しておかないと、チャンスは一瞬で逃げていってしまう。

いつ来るかわからないチャンスをつかむために常に準備するのがプロである。そして、その準備は人間の成長にも欠かせない。

仕事中だけでなく、日常でも選択を迫られたとき、とっさに「ちょっと待ってください」と言う人がいる。だが、社会はあなたのために待ってはくれない。あなた中心に世界は回っていないのだ。チャンスも同じで、絶対に待ってはくれない。だから、常に準備しておかなければならない。

人とチャンスには4つのパターンがある。全員がそのどれかのパターンに必ず当てはまると思う。それは次の4つだ。

①チャンスが見えない人
②チャンスが見えるが動けない人
③チャンスが見えて動けるがつかめない人
④チャンスが見えて動き、そしてつかめる人

当然、①は論外である。だが、私を含め、チャンスが見えていない人は山ほどいる。世の中のことは、自分の心次第でどのようにでも見えるものだ。チャンスは必ずある。それが見えていないだけだ。
②もほぼ①の人に近い。われわれは評論家ではなく実務家だ。動かなければ何も変わらない。
③は惜しい人だ。ただ、実力が足りない。常に自分を磨くことが大切だとここでよくわかる。結局、ここでチャンスがつかめなければ最終的に何も形にならない。

結果を出すということは、きれいごとは抜きで大事なことだ。ここが揺らぐと、すべてのことが揺らぐ。結果にこだわる姿勢は大事にしたい。そして、言うまでもなく④こそ、結果を出せる最高の状態の人である。

チャンスを見つける目や感性を養うことも大切だ。そして、常に前向きな気持ちでいること、自分を鍛えることも大事である。

「一生に一度のビッグチャンス」はそうそうやって来ない。チャンスは準備不足のあなたを待ってはくれない。

毎日毎日チャンスを見つけるための素直な心を育み、チャンスが見えたときに勇気を持って誰よりも早く一歩を踏み出そう。そのときのために準備を怠らず、自分を磨き、毎日愚直にこつこつやってきた「選ばれし凡人」が、長い時間を費やした結果として成功を手にする。

そしてそのとき、その凡人はチャンスをつかむ努力を怠った人々から「成功者」と呼ばれ、賞賛されるのである。

転ぶときは前のめりに転べ

私は社員が何かにチャレンジした場合、それが経営理念に沿っていることであれば、たとえ失敗して会社に損害を与えようと絶対に責めない。

ただし、失敗するときは前のめりに転ぶことを要求する。つまり、「こけるなら前向きな姿勢で挑戦してこけろ」ということである。

後ろ向きに逃げて転んだら後悔だけが残るし、何も得ることはできない。だが、前のめりに転べば、たとえ痛い思いをしても、何かをつかんで立ち上がることができる。そして、それは次の挑戦に必ず生かせる。

そこで必要なのはチャレンジ精神である。「できるかできないか」の議論は必要ない。失敗しないようにやろうとすると、新しいことはできないし、何もやろうとしなくなる。社員にはそうはなってほしくない。

結果よりも挑戦し、行動に移すことが大事なのだ。口で言っているだけでは意味がない。やると決めたらやる。どうすればできるかを考える。できない理由を挙げて「それは無理」と言い訳しても仕方がない。

ただし、チャレンジは大事だと言っても、致命傷は避ける必要がある。転んで死んだり大怪我をして立ち上がれなくなったりするようなことはしてはいけない。それはチャレンジ精神や勇敢さではない。

何かを選択するときは、失敗したら立ち上がれないような打撃を受けることなのか、傷は負うけれどもまた立ち上がれることなのかを見極めなければならない。挑戦するときは、この判別をシビアに行う必要がある。前者ならばやらない。後者ならば迷わず挑戦する。だが、社員が何かをやろうと思ったとき、それが無謀なことか否かの判断は難しい。それは社長が責任を持って決定するしかないと思う。

高級店のＶＩＰ待遇と友人のような親しみやすさを両立

お客様にどのように対応すべきか？　これは答えの出ない永遠の問いだろう。そこには従業員のセンスも要求される。あまりにフランクすぎるとお客様は「この会社、大丈夫か？」と思うだろうし、かしこまりすぎても家づくりは楽しくない。

私の理想とするところは、「高級店のＶＩＰ待遇と友人のような親しみやすさを両立する」ということだ。これが当社の方針だ。だが、このバランスは微妙なところを狙っているので説明するのが難しい。

経営計画書に具体的なヒントをいくつか記してあるので紹介しよう。

(1)挨拶はきっちりと行う

姿勢、発声、笑顔に手を抜いてはいけない。

(2)お客様をお名前でお呼びする

「様」と「さん」はお客様の性格や立場などに合わせて使い分ける。

(3)お越しになるときはお出迎え、お帰りになるときはお見送りする

約束の時間の5分前には外でお待ちする。お帰りのときは見えなくなるまでお見送りし、一礼する。お見送りはなるべく多くの社員で行う。

(4)お客様情報は事前に社内で共有しておく

アポの時間・人数・お名前・飲み物の好み・車種・趣味嗜好など、情報を得た社員がすべてお客様情報に記入し、情報を蓄積して、アポイントがあるときは関わる社員全員が前もって目を通しておく。

これらは最低限これだけはやってほしいということだ。事細かく言い出すと、これ以外にもたくさんある。ただ、画期的なことは何もない。ごく当たり前のお客様対応である。微差を積み重ねていくしかない。それを会社として根付かせようと考えている。

丁寧な対応は基本だが、丁寧と慇懃無礼というのは紙一重である。対応は固すぎてもよくない。お客様には人間味も伝えていく必要がある。

それを伝える一つのツールが当社の場合ホームページのＤＡＹＳという社員ブログだ。お客様はこれをかなりの確率で読んでいる。「この会社に家づくりを頼もうかどうしようか」と考えている方は、自分の担当者がどういう人間で、普段何をしていて、どんなことを考えているのかなどは気になるものだ。

ブログを通して「こういう面もあって楽しい人なんだ」とか「きっちりしている人だな」といろいろなことがわかる。そういうことが背景にあれば、次に会ったときは少し会話がくだけた調子になってもいい。普段からしっかり挨拶ができていて、身だしなみもきちんとしていれば、会ったときに少しぐらいふざけたことを言ってもお客様はそれを人間味と受け取ってくれる。

普段きっちりした人がちょっとくだけるから新鮮味もある。人間性が見えてそこが魅力にも見える。そういうギャップも大事だと思う。長所が研ぎ澄まされている人の短所は人間味になるのだ。そのために、長所を研ぎ澄ませることが大切なことになってくる。

判断基準は「かっこいい」かどうか

私の判断基準はシンプルだ。それは「かっこいい」かどうかということである。

そんな適当な……と思われるかもしれないが、「かっこいい」は重要だ。

それはもちろん見かけだけではない。生き方や考え方なども含めたかっこよさだ。「かっこいい」の定義もいろいろあるだろう。人によって「これがかっこいい」と思うものは違う。

当社の商品について言えば、いらないものを削ぎ落としたシンプルなもの。そしてお客様が「にこっ」としてくれるものが「かっこいい」の基準と考えている。

もちろん、シンプルなつくりの家をかっこいいと思わない人もいるだろう。ゴチャゴチャしていたほうが好きな人もいる。それは好みの問題だ。たまたま当社が取り扱っているいいと思う商品がそういうものだった、ということだ。基準を明確にすることで、それに共感する人が集まってくる。自分たちなりの「かっこいい」「かわいい」「素敵」を追求し、それに共感する人に集まってもらうことが大切だ。

生き方においても「かっこいい」は大事だと思う。

たとえば、人生の岐路を前にしたときにどちらの道を選択するか。私だったら「かっこいい」と思えるほうを選ぶ。こちらを選んだほうが儲かるかもしれないが、生き方として「かっこ悪い」と思ったら絶対にそちらは選ばない。

たとえば、ある社長がある社員のために、損をするのを承知の上で何かをしてくれたとしよう。その社員は「社長はかっこいい」と思ってくれるだろう。そして、その恩を絶対に忘れないだろう。打算からの行動ではないが、結果的にその恩をいつか返してくれるかもしれない。

自分が誰かに何かをしてあげたことを忘れても、本当に困っていたときに助けてもらった人の心にはずっと残っていて、いつか「あの一言で救われました」などと言ってくれるかもしれない。私を例にしても、初めて就職した会社の社長や支店長との出会いに、今の私が形づくられたことの恩義を感じている。その人たちの言葉で救われたことも数多くある。きっと向こうは覚えていないが、私は覚えているのだ。その恩は決して忘れない。そういうものだ。

普段からそういう風にかっこよく生きているかどうかはとても大事だと思う。

雑用のすすめ

私は「雑用」が大事だと思っている。雑用がしっかりできる人はすごいと思う。

会社員時代の若手の頃は雑用ばかりをやっていた。毎日ぼろぼろになって一生懸命上司に仕えていた。一生懸命コピーをとり、一生懸命シュレッダーをかけ、一生懸命に運転し、一生懸命お酒を注ぎ、一生懸命掃除をしていた。絶対に誰にも負けないと心に誓い、「楽な方向へは流されないぞ」と心に決め、目の前の雑用を必死にやっていた。そして、一生懸命飛び込み営業をし、ポスティングをし、DMを書いて業務にあたっていた。

その姿勢を上司が見ていてくれ、たくさんのチャンスをもらった。そして、私は一生懸命お客様のために営業し、そのチャンスをつかんで成果を残した。これが私の原点だ。

人の嫌がる雑用を進んでしたり、一生懸命人に仕えたりすると、見えてくるものがある。気遣い、心遣い、感謝、悔しさや喜びといった感情、そして効率よく仕事をするために考える癖、人の温かさと厳しさなどだ。何よりも大事なのは忍耐力がつくことである。

雑用がしっかりとできる人は、仕事もでき、よく気のつく人が多い。雑用もできない人にいい仕事ができるわけがない。実は、雑用ほど人によって差のつきやすい仕事はないのである。

雑用と思えば、仕事はすべて雑用だ。それは雑用ではなく、すべては自分を磨くための修行・訓練なのだ。

だから私は、社員の小さいところ、細部を見るようにしている。社内に落ちていたゴミを何気なく拾う。そういうところを見て褒める。小さいことほど褒めてあげる。社員はそんなことで褒められるとは思ってもいないので、逆に嬉しい。もっと頑張ろうと思う。その積み重ねによって、いつか大きな仕事を成し遂げることができるようになるのだ。

実社会において「ウサギとカメ」の話は成り立たない

日本人なら誰でも知っている昔話に「ウサギとカメ」がある。

ウサギは足が速い。だから、足の遅いカメをバカにし、油断して途中で寝てしまうため、こつこつと歩いてきた足の遅いカメが最終的には勝つ。真面目にこつこつ努力すれば報われるということの比喩だ。

だが、この話は道徳を諭す寓話だから成り立つだけで、現実世界では当てはまらない。寓話ではカメが勝つが、現実では本当に優秀なウサギは絶対に負けない。

とくにビジネスにおいては、このウサギとカメの話は成り立たない場合が多い。私なりの解釈はこうだ。ポイントは2つある。

①社会では、ウサギとカメのように「ヨーイドン！」で同時にスタートすることはあり得ない。

誰もが他社よりも早く動き、他社より先に情報を得て、どうやって利益を得るかを考えている。これは社員間でも同じだ。自由競争の原理が働くのだから、「あなたがスタートするまで待ってますよ」などという甘い話はこの資本主義経済の中にはない。

②仮に同時にスタートしたとしても、本当に優秀な人や企業は途中で決して眠らない。

眠ってしまう人や企業は二流だ。きっといつかどこかで手を抜いて失敗する。一流は眠らない。眠らないウサギは絶対にカメに負けない。足の速いほうが必ず勝つ。

一瞬でも早くスタートした人がウサギであれば、そのウサギが眠るか、そのウサギ以上の速さで走らなければ、後からスタートしたカメは先行するウサギを絶対に追い抜けない。

では、カメが勝つにはどうすればいいか？

簡単な話だ。「早くスタートするしかない」のである。

ビジネスにおいては「スピード」が求められる。ただし、この場合のスピードとは速く走れること（仕事を速く片付けること）ではない。早く始めることだ。

本当に足の速い（つまり優秀な）人間などこの世にほとんどいない。私を筆頭に愚鈍な人間のほうが圧倒的に多い。

速く走れるようになるには、能力、経験、努力などの積み重ねが必要だ。だが、早く始めることなら小学生でもできる。

凡人が成果を出し、優秀な人に勝つには、まずは早く走り出すことに注力しなければならない。そして、走りながらコツをつかんで、速く走る訓練をすることが大事だ。これが愚鈍な者が優秀な者に勝つ唯一の方法である。

あなたが一流のウサギであれば何も言うことはない。だが、もしカメだったら、やるべきことは一つだけ。すぐに着手すること、初動を早くすることだ。すぐに始めなければ、今この瞬間の差が絶対に追いつけない大差になることは、未来が証明してくれるだろう。

これからの時代に必要なのは「問題発見能力」

ＡＩの進化などに伴い、これからの時代はビジネスにおいて事務作業やルーティンワークはどんどん減っていくだろう。こつこつ作業をするという仕事はなくなっていくかもしれない。

代わって大事になってくるのが「問題発見能力」である。商品やサービス、業務などを見て、「あそこが問題だ」と発見できる能力がまず求められるようになるだろう。

ビジネスを成功させるために重要なのは「仕組みをつくる」「ビジネスモデルをつくる」といったことだ。そのためには、問題を発見しなければならない。その能力を身につけていかないと、ビジネスにおいて未来を生きるのは難しくなるだろう。

問題を発見し解決するためには、情報収集能力を身につけることも必要だ。今は何でもネットで検索することもできるし、会社の人脈を活用して情報を集めることも可能だろう。問題解決のための情報収集能力を育んでいきたいものだ。

では、どうすれば問題発見能力を身につけることができるのだろう？

一つの答えは、「使われている感覚を捨てる」ということである。

雇われている、使われていると思うから、仕事に対して主体的に考えられない。ただ言われてやっていることを仕事だと思っている。だが、それは「仕事」ではなく単なる「作業」にすぎない。作業はどんどん機械化されていき、いつかなくなる。残るのは問題発見能力をはじめとする本当の意味の「仕事」だけだ。

自分の体調が悪いときは、「体のどこかに問題があるんだろうか？」と気になる。会社も同じだ。会社も自分のことだと思えば、AさんとBさんは仲が悪いようだけど何かあったのだろうか？　Cさんはいつも書類づくりに時間がかかってみんなを困らせているな、といったようにいち早く問題に気づくことができるだろう。

雇われ感覚をなくす。会社の仕事を自分のこととして考える。そこから問題発見能力が身についてくるのだと思う。

質（率）より量（数）が重要

ビジネスにおけるすべての業務で「率」と「数」の両方が大事だ。これは「質」と「量」と言い換えてもいい。質と量のバランスがとれている形が最も望ましいのは当然だ。だが、

その両方を高次元に維持できるのは稀な才覚の持ち主だろう。

では、どちらを優先すればよいのか？

まずは「量」を優先すべきである。

野球にたとえてみよう。

バッターが1試合に打席に立てる回数はだいたい4回だ。だから3割バッターは評価される。決められた打席数の中でどれだけヒットやホームランを打てるかがその打者の力だ。ゴルフも1ラウンド18ホールと決まっているし、テニスも1ゲーム4セットと決まっている。その制限の中でという前提があれば、ナイスショットの出る率は大事な要素になる。

だが、ビジネスでは、スポーツと違ってそういう制限ほとんどない。自分の努力次第で何回でも打席に立てる。打席に立つ回数を自分で決めることができるのだ。何時間かかろうと、何回失敗しようと、結果が出るまでバットを振り続けた者が勝者になる。
ここで2つの例を挙げよう。

例①

A：この道30年のベテラン設計士が図面を書く
法的知識にも設計セオリーにも精通しているので業務効率は良い。就業時間内に図面を書き終えて17時に退社。

B：入社2年目の新米が図面を書く
知識と経験が少ないから、事あるごとに自分で調べたり、他へ問い合わせをしたりする。一本の線を引くにも試行錯誤するので、時間はかかるし効率は悪い。結局、徹夜して書き上げた。徹夜でハイになっている彼は、他の業務で必要になる図面も一緒に書き上げた。

翌朝、上司の机の上には3つの図面が提出されている。
1つはベテラン設計士のもの、2つは新米設計士のものだ。
この完成物を見たとき、あなたが上司だったらどちらを評価するだろうか？

私は新米設計士を評価する。

ベテランが効率よく仕事を終わらせたことも、新米が徹夜したことも上司は知らない。判断材料は、机の上にある成果物だけ。仕事が１つ終わった人と２つ終わった人の差だ。

例②

A：10回接客しても２回しか契約をいただけない若手営業マン＝契約率20％

B：10回接客すれば10回契約をいただくベテラン天才営業マン＝契約率１００％

これだけを見れば当然、Bを評価する。しかし、ここにはある前提がある。接客できる見込み客を獲得しなければならない。その前提条件を、ポスティング１００枚したら１人接客できるものと仮定する。

Aの若手営業マンは、１０００枚のポスティングをした。それで10組が来社してくれ、うち２組が成約に至った。よって契約率20％だ。

Bのベテラン天才営業マンは、適当に１００枚ポスティングし、１組が来社し、その１組が成約した。率にすれば契約率１００％である。

Bのほうが確率は高い。だが、私だったらAを評価する。

紛れもない事実として、Aの契約数は2件であり、Bは契約数1件だからだ。

このように、まずは量（数）を追求することが大事なのだ。質（率）は量かもしれない。それに、量をこなさなければ、無駄なものが何かもわからないから、質を上げることはできないのだ。

早く着手し、やりながら改善する

「ウサギとカメ」のところでも述べたが、日々の業務でもとにかく早く着手することが大事だ。ビジネスにおいて「早さ（スピード）」は品質の一部だ。

「早い」とはその行為そのものが誠意である。これが私の持論だ。

お客様に何か頼まれたらすぐに対応し、結果を連絡する。

「早い」という行為は、「あなたのことを最優先に考えて行動していますよ」「あなたのためなら私はこれだけ動きます」「あなたのことを大事にしていますよ」というメッセージである。

だが、「早く」始めることに二の足を踏んでしまう場合がある。

たとえば、解決方法がまだ10％くらいしかわかっていないから、もう少し目処が立ってから連絡しようと考え、ついつい返事が遅くなってしまうというケースだ。

ここで浮上してくるのが、スピードとクオリティのバランスをどう考えればいいのかという問題だ。

結論から言うと、対応が早ければ早いほどクオリティが低くても問題はない。だが、時間が経過すればするほどクオリティの高さを望まれるということだ。

再び事例を挙げよう。たとえば、午前中にお客様から周辺のアパート入居率調査を頼まれたとする。

社員A：当日の夕方に3棟のアパートの入居率を調べて、紙に手書きして持って行った。

社員B：その3棟だけの入居率データをきれいにパソコンで打った資料にして、翌週に持って行った。

社員C：10棟調べてきれいにデータ化し1か月後に持って行った。

お客様の反応はどうだろう。

Aに対して：「早いな。すぐ動いてくれてありがとう。さらに詳しい結果を待っているよ」と言うだろう（お客様満足＝非常に満足）。

Bに対して：「わかった。もう少し調べてもらえないかな」と言うだろう（＝普通〜不満足）。

Cに対して：「遅い！」とがっかりされることは間違いない。クレームになる可能性ある（お客様満足＝非常に不満足）。

クオリティで考えればC↓B↓Aの順に高い。だが、スピードはA↓B↓Cの順になる。

たとえ中間報告であっても、お客様が求めるのは素早い対応だ。それを誠意と受け取る。10％しかわかっていなくても、すぐに連絡を入れて、「今わかる範囲はこうです。あとで調べてまた連絡します」という対応をすることが大事だ。状況報告をして「今動いている」と示すことで、お客様は「一生懸命やってくれているな」と感動してくれる。

ただし、作業によってはスピードよりもクオリティを求められる場合もある。

今望まれているのは、クオリティが低くてもスピードなのか？　時間がかかってもいいから完璧な出来を求められているのか？　どちらかを見極め、的確に行動できる人になってほしいと思う。

日常生活でも自分のために早く動いてくれる人がいたらとても嬉しいだろう。自分を大切に想ってくれていると感じるだろう。それと同じである。自分がしてもらったら、嬉しいことを他人にもやってあげよう。そうすれば、きっと喜んでもらえるはずだ。

評価は自分以外の他人がするもの

これは考えてみれば当たり前のことだが、集団生活をしている人間である以上、評価というものは他人がするものだ。とくに、組織の中で生きていればこれは避けられない事実である。

「自分がこんなに頑張った」「自分は努力している」と表明しても、社会システムの中では何の意味もない。本人が自分だけで満足しても、自分以外の周囲の人たちが「ＯＫ」をくれなければ社会的な評価は得られない。

逆に、頑張らなくても手を抜いても、結果的に周囲が「すごい」と認めれば高い評価となる。矛盾しているようだが、こういう事実があることを理解しておく必要がある。

営業の仕事をしている人はよくわかるだろう。ご契約をいただけたのはお客様に信用されたからであり、ご契約いただけなかったのは評価されなかったからである。

ある。◯か×かの判断をするのはお客様だ。契約してほしいといくら叫んでもダメなものはダメなのだ。あなたと商品、会社を評価して決めるのはお客様だ。

では、社内における評価はどうだろう。

社長に気に入られるようにする？　上司に反抗しない？　同僚に嫌われないようにする？　そんなことでは組織は成り立たないし、むしろ評価されないだろう。

重要なのは、その組織の中にルールと基準と方針を決めることだ。

組織において、評価する側も人間だから、完全な評価は不可能である。したがって、評価される側はそもそも完全な評価は存在しないことを理解し、評価する側はより完全になるよう全力を注ぐことが大切だろう。

そして、評価は「平等」ではなく「公正」を目指すべきだ。評価者は、会社の一定のルールに則った上で公正な判断をしなければならない。結果を抜きにして、みんな同等の評価となる平等ということはありえない。序列がつくのは当たり前である。プラザセレクトでは、「チャンスは平等に与えられ、評価は公正にする」が基本的な考え方となっている。

絆を深める「大人の遠足」

プラザセレクトの恒例行事の一つに「大人の遠足」がある。この遠足は、豪華なことは全くしない。むしろ子どもの遠足と変わらないくらいの内容で、夏と冬の2回、社員全員で業務時間中に出かける。もちろん、パートさんや派遣社員も時給を払って連れて行く。ここには明確な目的が2つある。

まず、社員みんなで普段の生活ではできない何かを体験することだ。社員間のチームワークや風通しをよくするには、たとえくだらないことでも、みんなで時間と空間を共有することが大切だと思う。

「芋掘り体験」に行ったり、「うどんづくり」に挑戦したりして、思い切り遊び、楽しむ。童心に帰ることができる。ラグジュアリーホテルに泊まって、豪華な食事をしたり高級なバーでお酒を飲んだりするのとは違ったワクワク感がある。そこで気づく。こんな世界があったのか、と。

そして、誰かの「昔からやってみたかったこと」や「やり残したこと」を実現して経験させてあげる。なんとなく、「やってみたい」と思っていることがあっても、時間がなかったり、大人になって「いまさら」と思ってしまったり、一人では二の足を踏んでしまうようなことがある。それを会社として全員参加のイベントという形で行えば社員の希望を実現させることができる。

第2の目的は、日頃お世話になっているお客様やビジネスパートナーへの感謝の気持ちをこめて、お中元、お歳暮として大人の遠足にちなんだ贈りものをするのである。

たとえば、夏は「すだち狩り」に出かけ、みんなでちぎったすだちを箱詰めしてお中元としてお届けする。冬は「そば打ち」へ行き、打ったそばをお歳暮がわりにおすそ分けする。高価でなくとも、ちょっとした手づくり感のあるお土産を、想いを添えてお届けするのだ。そこに「物語」が生まれる。スーパーでビールの詰め合わせを送るのとは一味違ったお中元やお歳暮に、お贈りした相手はとても喜んでくれる。「すごいな」「嬉しいよ」と言っていただけることも多々ある。

感謝の気持ちを自分たちの手で伝える。小さなことかもしれないが、そこにちょっとした違いを表すことは大事だと思っている。こうした体験を通して、誰かを思いやり、人に喜んでもらいたいという心を育む。

そもそも、お中元やお歳暮、あるいは年賀状や暑中見舞いなど、消えつつある風習にはとても良いものがある。誰もがメールやＬＩＮＥしかしないから、直筆の手紙を送ることに感動が生まれる。そういうことを大事にしたいと思っている。

大人の遠足は小さな試みだが、周囲の方や社員に「にこっ」を増やすいい機会になっている。

経営計画書の勉強会を週1で行う

繰り返しになるが、プラザセレクトの事業展開の根幹となっているのが「経営計画書」である。

会社は経営理念を実現させるために存在している。理念を追求し続けることが存在意義なのだ。その理念を会社の隅々まで浸透させることは経営の第一歩だ。経営方針がころころ変わると社員は不安になる。そもそも人は、未来が見えないから不安になる。不安が増大すると、その不安が不信につながる。俗にいう「疑心暗鬼」の状態だ。そうなると、うまくいくものもうまくいかなくなる。だから、自分たちの目指していることを明確に示してあげる必要がある。

これは、会社だけでなく個人的な人間関係でも同じである。自分が何を考えていてどうなろうとしているのかを、相手にしっかり伝えないといけない。そして、その過程でその人とどんな関係でいたいと思っているかも明確に伝えることで、相手の不安は解消される。

未来を見せることは大切だし、自分たちが大事にしているのは「これだ」と全員で共有することに意味がある。全社員のベクトルが合えば発揮される力は大きなものになる。

そこで当社では、経営計画書の勉強会を週1回、1時間行っている。

毎週、経営計画書を何ページかにわたって読み、私が解説する。創業時から欠かさずやっているため、ゆうに100回を超えてやっている。経営計画書の反復のため、言い回しは違っても同じ内容を、何度も何度も繰り返し話していることになる。

そして、社員はその内容について毎回コメントする。毎回同じことをやっていても、社員それぞれが成長していけば、そのコメントも違ってくる。注目するポイントも変わってくる。経営計画書に書かれている事項の理解がより深いものになっていくからだ。

また、自分でコメントするのは、自分の考えをまとめて喋る訓練にもなる。だから、朝礼でも社員に交代でスピーチをさせている。まず、経営計画書のどこか1ページを読んで、当てられた人が3分間スピーチし、それに対して別の社員が1分間のコメントを加える。

こういうことを一年中やっていると、人前で話す訓練になる。短い時間で、話の要点や自分の考えを伝えるトレーニングになる。話の進め方、声の出し方、スピード、トーンを学び、みんな見違えるようにうまくなっていく。

このように、当社では経営計画書を使って経営理念などを浸透させる時間をたくさん設けているとともに、経営計画書は教育や訓練のためのいいテキストにもなっている。

クレーム・不具合の発生は罰さない

企業にはクレームと不具合がつきものだ。

クレーム・不具合への対応についても経営計画書に明文化してある。それを紹介しよう。

(1)クレーム・不具合の定義

クレーム……社外からの苦情のこと
不具合……社内からの苦情のこと

(2)クレーム・不具合が発生した場合の決まり

①クレームの第一報を受けた社員は、まずご不快にさせてしまったことについて謝罪する。

そして、事実確認をしてご連絡を差し上げる約束をする。

②速やかに報告・連絡・相談を上司に行い、苦情をいただいた方とその関係者にご連絡をする。

③クレーム・不具合の解決までに要する時間は最短にするよう努力する。時間がたてばたつほどご気分を害する。お待たせして気分を害さないように誠心誠意対応する。

④中間報告を行い、状況を各関係者に報告する。結果報告のみではその間の動きがわかりづらく、かつお待たせすることになる。相手が「どうなったのだろう？」と思い、不安や苛立ちを感じるようなことはしてはいけない。

⑤解決後はクレーム報告・不具合報告を提出し、再発防止策、未然防止策を打ち出し、根本原因に手を打つことで同じ過ちを繰り返さない。

⑥発生したクレーム・不具合は報告書をもとに、組織全体に周知し、会社としての経験値として別の人、別の場所で同じことを発生させない。

⑦クレーム・不具合の発生に対しては罰さないが、同じことを繰り返した場合と報告を怠った場合は厳しく罰する。

⑧クレーム・不具合の解決ための費用は社長決裁とする。

お客様へのご対応は当然最善を尽くすのだが、私が社内でとくに重視しているのは⑦だ。方針違反は、たとえ初めてのことでも厳しく指導するが、経営計画書に沿って行動した結果の失敗であれば仕方がないと考えている。クレームを起こしたことすべてを罰していたら、社員は萎縮してしまう。だから、クレーム・不具合の発生そのものに対して怒ったり罰したりすることはしない。

ただし、報告はきちんとしなければいけない。クレーム・不具合の起こった経過を分析し、原因の本質を見つけてそれを根本から改善することが重要だからだ。それが会社全体としてのナレッジ（組織にとって有益な知識）となる。

クレーム・不具合の再発は絶対に防止しなければならない。だから、同じことを繰り返した場合と報告・連絡を怠ったらボーナスを減らすなど罰則を与える。

これは個人だけの話ではない。徳島本店で起きたことを、高松店でも共有する。クレーム・不具合の再発防止は水平展開しなければいけない。社員全員が同じ情報・知識を共有する必要がある。1人の経験値などたかが知れている。それを組織の経験値にしていかなければならない。

第5章

目指せ！「生活総合支援企業」

「餅まき祭」「ちびっこ大工体験」で地域社会に貢献

当社では建売が上棟した際の恒例行事として、「餅まき祭」と「ちびっこ大工体験」を行っている。

最近では、地鎮祭や上棟式など、昔からある行事を簡略化し、やらないことも多くなってきた。それだけにこのようなイベントは逆に新鮮で、意義あることだと考えている。

当日は、イベントの噂を聞いた近所のお年寄りや子どもたちがたくさん集まってくる。「次はどこであるの？」と毎回楽しみにしてくださっている方もいる。

「餅まき祭」は子どもたちにとっては貴重な経験になるだろうし、お年寄りにとっては昔懐かしいイベントになっている。

建築会社は工事中に近隣のみなさんに交通、音、埃などでご迷惑をおかけして仕事をさせていただいている。だからこそ近隣のみなさんに少しでも「にこっ」としていただく場を設けたいと思い、「餅まき祭」を開催している。「餅まき祭」に続いて開催される「ちびっこ大工体験」では、たとえば次のようなことを行っている。

当社ではピン工法という技術を使っている。これは、木材の接合部をプレートの金物で

差し込み、それにピンを打ち込んで固定することで強度を増す工法だが、子どもたちが「ピンを金槌で打つ」という大工さんの仕事を実体験する場を設けている。子どもたちは楽しそうに大工体験をする。その様子を写真に撮って後日送ってあげる。それが原体験になって、大きくなって「大工さんになりたい」「建築家になりたい」という人が一人でも増えたらすごいことだと思う。記憶には残っていないかもしれないが、経験として潜在的にその子たちの中に何かが残れば、私たちの存在した価値がそこに生まれると思う。

これは広い意味の企業の社会貢献、地域貢献にもつながることだと考えている。ただモノを売るだけではなく、理念を持った仕事をする会社を目指している私たちが大切にしているイベントである。

「生活総合支援企業」という構想

当社は現在、住宅不動産事業を中心に行っている。だが実は、私は住宅や不動産にこだわりがあるわけではない。

当社は今、住宅不動産会社から「生活総合支援企業」への成長を目指している。生活総合支援企業として社会インフラを持つ企業グループへと成長を遂げ、地域社会に安心・安全・笑顔を生み出したいと考えている。これは、地域において生活に関わる主要な商品とサービスを数多く提供する企業になるという構想だ。

住宅不動産というのは生活の中心にあるものだ。そして、その周囲には地域社会がある。家を建てる人の目的は住宅取得にあるのではなく、そこで生活していくことにある。

家族がちょっと食事やお茶に行こうと思ったときに、家を建て信頼をいただいている私たちがレストランやカフェなども経営していればお客様も安心して行けるだろう。家族で旅行に行きたいと思ったとき、私たちのグループ会社に旅行代理店があればいいプランを提案できる。お父さん、お母さんが年老いて介護が必要になった場合、私たちが介護事業を展開していれば適切な高齢者施設などを紹介できるだろう。

そういった幅広い事業展開を行う企業グループとなることで、地域で多くの「にこっ」を集めたいと考えている。

その一歩目として、現在は住宅不動産事業の成長に全力を注いでいる。そして住宅不動産事業を核として、その周辺でお客様の生活支援ができるカテゴリーの事業を展開し、市場に価値を提供していく計画を進めている。

その事業は今のところの構想では具体的に、住宅事業、不動産事業を筆頭に、不動産管理、広告メディア、飲食、保険・金融、フランチャイズ・コンサルティング、インテリア、アミューズメント・旅行リゾート、高齢者・保育・教育の事業だ。これら10事業を立ち上げ、全体で売上高100億円の企業集合体を創り上げることを創業から10年間の目標としている。

ただし、どんな事業にも手を出すなんでも屋になるわけではない。展開する事業には相互につながりを持たせるとともに、「地域を良くするためにこういう事業をやっている」という理念がお客様にしっかり伝わることが大切だ。すべての情報がつながり、そこに私たち「らしさ」、つまり理念が見えなければならない。どれだけ事業を広げても、私たちの理念の根幹はすべての事業に共通する。

つまり、当社の土地・住宅を購入していただいたお客様を中心に、住宅を入口として信頼関係を築くことで、その後の生活全般に関わっていきたいと考えている。そうなれば、お客様が生活を豊かにするために当社の事業を活用していただくことができ、地域社会に「にこっ」を増やすことができるはずだ。

10年を目処にある程度の形を創りたいと考えているが、こういうビジネスモデルが全国へ広がっていけば日本全体が良くなっていくと思う。私が生きている間に全国を完全に網羅できるかどうかはわからないが、最低でも私たちの世代で礎を築き、それを次世代につなげていきたい。

「人生の中に仕事がある形」を実践する

生活総合支援企業を目指すことにはもう一つの狙いもある。それは社員の生きがいを生み出したいということだ。

私は、会社という器を使って社員の夢を叶えていきたい。社員には、いい意味で会社をうまく利用して、自分のやりたいことを実現する場として使ってほしいと思っている。これは、「お客様と社員の物心両面の豊かさを追求する」という理念にも合致する考えである。

第2章の冒頭で「人生の中に仕事がある」という考え方が大事だと述べた。私は、プラザセレクトがこれを実践する会社になることを目指している。それが、生活総合支援企業としての成長にもつながり、お客様や市場に望まれるサービスを創出できるようになる前提だと考えている。

実際に、私もこの会社があるからこそ、本を出版するという夢を叶えることができた。社員の中にはＤＩＹが趣味で、家具職人になることが夢だという者がいる。その社員は当社の建売リラクスの販売時に、自分がＤＩＹで家具をつくってレイアウトしている。値札を付けて、気に入っていただいたお客様には販売している。まだ趣味に毛の生えた程度のことだが、やればやるほどうまくなっているのがわかって、私も新しい作品ができるたびに嬉しい気持ちになる。それにお客様が購入してくれればつくった社員は嬉しくなる。もっといいものをつくろうと思う。いつかはこれを一つの事業にすると、その社員は会社の中で目標を主体的に掲げている。私もそれを応援したいと思っている。

また、当社のコーポレートサイトには、さまざまなクリエイターの目で見たプラザセレクトの日常を切り取った写真掲載ページ「ＥＹＥＳ（アイズ）」というコンテンツがある。

プロの写真家を招いて、私たちの日常を撮影してもらう中で、普段接することのないクリエイティブ系の人と触れ合うことで社員の価値観や世界観が広がっている。

その刺激を受けてカメラを購入し、写真を趣味にした社員もいる。プラザセレクトに所属したからこそ得られた経験である。仕事だけでなく、一生の趣味となる何かに社員が出会えたことが私はとても嬉しい。そして、それによって社員の人生が豊かになったのであれば、プラザセレクトという会社は理念を一歩実現したと言っていい。

その社員も一人のクリエイターとしてアイズに写真を掲載している。写真が日に日に上達していくのを見ると、心から良かったと思う。会場を借りて個展を開くことはまだできていないが、会社のホームページの中であれば自分の作品を展示して世の中に見せることもできる。そうした社員の自己実現を手伝える会社は手前味噌だが素晴らしいと思う。

会社という器を通して、仕事を通して、その中での出会いを通して、少しずつでもできることから小さな夢を形にしていく。市場に商品やサービスを提供することで、お客様の人生が豊かになってもらうことは企業として当然の使命だ。それだけではなく、それを実現する社員にも人生を豊かにしてもらいたい。そんな社員がたくさん増えれば、この会社の存在価値はあると思うし、他にはない唯一無二の企業になっていけると信じている。

社員のキャリアを活かす「生活総合支援企業」

生活総合支援企業となりさまざまな事業を手がける会社になることは、前述したダブルキャリア、マルチキャリアの推奨と同じように、個人を活かすという側面もある。

個人のスキルを向上させることは「他社で飯が食える人材になる」ための必要な要素だ。会社としても、1人の社員が2つ以上の能力を持っていることは大きな戦力となり、生産性を向上させる力になる。

多くの事業がグループ内にあるということと、ダブルキャリアを身につけるということは、もう一方の視点から見ると「長く勤められる会社になる」という効果がある。

私は会社員時代から、残念ながら会社を辞めていく多くの人たちを見てきた。それぞれの事情はあっただろうが、仕事で成果が出ずに居づらくなったという理由が多かった。

だが、それはその人自身に能力がないというわけではなく、たまたまその仕事に向いていなかったというだけの場合がある。

ダブルキャリア、マルチキャリアを推奨することは、個々の社員が自分の好きなことや長所に気づくことができるというメリットもある。営業としてはトップセールスになれなくても、お年寄りの介護をすれば大きな満足を提供できる人もいるだろう。

社内にグループ企業としてさまざまな事業があれば、社員の向き不向きやキャリアを考慮して適材適所で活かすことができる。社員にしてみれば、自分の長所を生かしてそこで花を咲かせることができ、自分が輝く居場所をつくれるということだ。そういう企業を創れば、社員も豊かに働いていけるだろう。私はプラザセレクトを、理念に共感して前向きな社員であれば、長く働くことができ、個人が輝ける企業風土を持つ会社にするつもりだ。

私たちの「生活総合支援企業」という構想が形になれば、社員が長く勤められる会社としてもプラザセレクトは役立つ企業となる。そこに至るまでには多くの苦難もあるだろうが、理念に共感してくれる仲間たちと未来へ向けてそんな会社を創っていきたいと思う。

おわりに

私は、企業の絶対的使命は「倒産しないこと」だと思っている。

会社の倒産は悲惨だ。社員はもちろん、その家族、お客様、ビジネスパートナー、地域社会、株主などすべての方々に物心両面についてご迷惑をおかけすることになる。関係するすべての人々のために会社は絶対に潰してはいけない。

倒産とは、自分たちの存在が社会から認められなくなったことを意味する。

しかし逆に、市場が必要性を感じているならば、その企業は絶対に倒産しない。その会社の商品やサービスがお客様に支持されているからだ。そうなるように、華々しくなくてもいいから、私たちは地道に一歩ずつ、小さな成功を積み重ねながら成長していく必要があると思う。

そのために、日常で意外と意識し忘れてしまいがちだが、一番単純な方法がある。

それは、お客様に「にこっ」としていただき、「いてくれて良かった！」「出会えて良かった！」という声を、数多くいただけるようになることである。

それらを実現するためには、私たちは商品・サービスを研ぎ澄まし、世に必要とされる価値を提供し続けなければならない。お客様の想いに寄り添い、社会に真に必要とされる企業になろうと考えている。

すべてを満たすことはとても難しいことと承知しているが、それでもプラザセレクトと出会ったお客様、社員、ビジネスパートナーなど、関わるすべての人たちの人生が輝いてほしい。

それを続けていけば、企業は永続的発展を遂げることができるだろう。

「今から100年続く企業の礎を創る」

「生活総合支援企業を目指す」

これはプラザセレクト経営者としての使命であり、私の夢の一つでもある。

私は今を生きる多くの人たちに、誇れる人生を送ってほしいと思っている。そして、何よりも、できるだけ早く夢と目標に出会い、そこを目指して自分の人生を「心から楽しんで」もらいたい。

行動こそが真実である。行動が変わらなければ結果は変わらない。

本書が誰かの何かのきっかけとなり、そこから行動が変わり、人生がもっと楽しくなったと思ってもらえることができたなら、この本を出版したことに意味があったと言えるだろう。

そして、そこに「にこっ」がさらに一つ増えていることを願っている。

2018年3月

謝辞

私の夢であった「本を出版すること」が今実現できたことは、リスクを恐れず私についてきてくれた創業メンバーと、その後理念に共感し、一人また一人と仲間になってくれたプラザセレクト全社員のおかげです。そして、今日までのプラザセレクトの成長は、みんなの力の結晶です。私を信じ、支え、共に歩んでくれている社員のみんなとの時間のおかげで、ここにたくさんの想いを書くことができました。

私の夢の実現を支えてくれてありがとう。これから、みんなの夢を一つずつ叶えていこう。みんなの存在に、心から感謝しています。

また、まだまだ未熟な私たちを応援していただいているビジネスパートナーのみなさん。みなさんのおかげで今日まで会社が成長することができ、本書執筆というチャンスをいただくことができました。心よりお礼申し上げます。

最後に、今回お声をかけていただき、私の夢の実現をサポートしていただいた現代書林様には心より感謝申し上げます。

三谷　浩之

《著者プロフィール》

三谷浩之（みたに　ひろゆき）
1979年香川県高松市生まれ。日本大学理工学部卒業。大学卒業後に入社した総合建築業で建築不動産ノウハウを学ぶ。その後、四国の地場有力建築会社を経て2015年に独立。地域を豊かにする「生活総合支援企業」を創ることを目的に「株式会社プラザセレクト」を創業。現在は徳島県・香川県の地方エリアでシンプルなデザイン住宅の販売、投資用住宅の提案販売の事業を展開。『Be Smile　にこっを集めよう！』をスローガンに理念経営に重きを置く経営に徹し、創業1年で社員1人当たり売上高1億円以上の生産性の高いビジネスモデルを構築する。ビジネスモデルの最適化とデジタル集客による経費削減で、デザイン性・機能性を高めた良質な住宅の低価格化を実現し地域の消費者を魅了している。

プラザセレクトHP　http://www.plaza-select.jp

楽《たの》しく生《い》きよう よく遊《あそ》びよく働《はたら》け 想《おも》いを形《かたち》にする仕事術《しごとじゅつ》

2018年4月30日　初版第1刷

著　者 ―――――― 三谷浩之《みたにひろゆき》
発行者 ―――――― 坂本桂一
発行所 ―――――― 現代書林
〒162-0053　東京都新宿区原町3-61　桂ビル
TEL／代表　03(3205)8384
振替00140-7-42905
http://www.gendaishorin.co.jp/
カバー・本文デザイン ―― 福田和雄(FUKUDA DESIGN)
本文イラスト ―――― 横ヨウコ

印刷・製本：広研印刷(株)
乱丁・落丁本はお取り替えいたします。

定価はカバーに
表示してあります。

ISBN978-4-7745-1704-9 C0034